HALT DIE OHREN STEIF

99 FRIEDHOFSGESCHICHTEN

Petrus Ceelen

HALT DIE OHREN STEIF

99 FRIEDHOFSGESCHICHTEN

mit Zeichnungen von
Karl Bechloch

Dignity Press
World Dignity University Press

Veröffentlicht 2014 bei
Dignity Press
16 Northview Court
Lake Oswego, OR 97035, USA

Kontakt zum Autor über
www.dignitypress.org/friedhofsgeschichten

ISBN 978-1-937570-47-7

Im Gedenken
an die Frauen, Männer und Kinder,
an deren Grab ich stand.
Sie gehen mir immer noch nach
und ich komme ihnen immer näher.

Inhalt

Rund um den Friedhof

Die, die drinnen sind, kommen nicht hinaus.
Und die, die draußen sind, wollen nicht hinein.
Mark Twain

Mettre la table pour les asticots –
Den Tisch für die Würmer decken.
Aus Frankreich

Es lernt niemand aus,
bis das Grab ist unser Haus.
Volksweisheit

Jedes Grab hat sein Gelächter.
Werner Bergengruen

Wenn man die Inschriften auf den Friedhöfen liest,
fragt man sich unwillkürlich, wo denn eigentlich
die Schurken begraben liegen.
Peter Sellers

Die Kannibalen haben keinen Friedhof.
Volksmund

Nirgendwo blühen so schöne Blumen
wie auf dem Friedhof.
Volksmund

Die Ärzte haben es am besten:
Ihre Erfolge laufen herum,
und ihre Misserfolge werden begraben.
Jacques Tati

Man besucht ja nur sich selbst,
wenn man zu den Toten geht.
Kurt Tucholsky

Ein Volk wird so beurteilt,
wie es seine Toten bestattet.
Perikles

Es lebe der Friedhof!
Kampagne der deutschen Friedhofsgärtner

Ob Billigsarg oder Prunktruhe,
ob Einzelgrab oder Familiengruft,
wer lässt sich schon gern hereinlegen?

Waldbegräbnisse, Seebestattungen, Urnenkirchen.
Almwiese, Bergbach, Gipfel.
Elektronischer Grabstein, Trauerportal im Internet.
Der Friedhof stirbt aus.

Die Geschichte hinter den Geschichten

Jedes Grab hat seine Geschichte. Beim Begräbnis geschieht so manches, was komisch ist. Und auch Urnenbeisetzungen sind oft nicht ohne. Trauriges kann lustig sein. Man möchte lachen, auch wenn es zum Heulen ist. Ja, es gibt den fröhlichen Tod. Da wird auf dem Sterbebett noch gescherzt und mitunter auch noch ein gutes Glas Wein getrunken.

Und so manche Trauerfeier ist ein frohes Fest, voller Dankbarkeit, dass es diesen Menschen gegeben hat. Es gibt „Typen", die sind auch noch im Sarg für eine Überraschung gut. Der Umzug in die Stadt der Toten geht vielfach nicht ohne Panne vonstatten. Gestatten: Petrus ist mein Name. Seit mehr als vierzig Jahren habe ich auf dem Gottesacker zu tun: als Seelsorger, Trauerredner oder Leichenbeförderer, wie einige Ostdeutsche sagen.

Auch als „Profi" stehe ich manchmal ganz schön blöd da. Mitten in der Trauerfeier flüstert mir der Bestatter zu, dass das falsche Grab ausgehoben wurde. Was tun? „Die Beerdigung findet später statt, im engsten Familienkreis." Beim Abschied des geliebten Menschen sind Menschen „außer sich". Da musst du auf einiges gefasst sein. Kaum hat die Trauerfeier begonnen, fällt die Mutter der Verstorbenen in Ohnmacht. Bis der Notarzt kommt, vergeht eine Ewigkeit. – Am Grab wirft die Tochter sich auf den Sarg, hält ihn fest umklammert und ruft: „Ich liebe dich, Mama, auch wenn du mich nie in den Arm genommen hast!" – Eine Sizilianerin reißt sich die Kleider vom Leib und schreit herzzerreißend: „Francesco returno, Francesco returno!" Wir haben alle Hände voll zu tun, dass sie selbst nicht mit ins Grab ihres Sohnes geht.

Ein anderes Mal müssen die Träger den Sarg so steil über die eng gedrängten Grabsteine heben, dass das Blumengesteck sich löst und mir in die Arme fällt. Besonders ärgerlich sind eigene Missgeschicke. Da klingelt mein Handy mitten in der Ansprache. Sprachliche Schnitzer können auch witzig sein: „Nun hat ihre Frau Gott zu sich genommen."

Was ich hier erzähle, ist voll aus dem Leben gegriffen. Der Tod gehört ja zum Leben. Doch das verdrängen wir. Der Friedhof wird vielerorts an den äußersten Rand gedrängt, nur schwer erreichbar für die Hinterbliebenen.

Vor langer Zeit waren die Toten den Lebenden räumlich sehr nahe. Der Friedhof lag mitten im Zentrum des Ortes, rund um die Kirche. Der Kirchhof machte die Gemeinschaft der Lebenden und Verstorbenen bewusst. Nach dem sonntäglichen Kirchgang gingen die Leute an das Grab ihrer Angehörigen, sprachen mit ihnen, beteten für sie, pflegten ihre Gräber.

Um Krankheiten und Seuchen zu bekämpfen, legte man später den Friedhof abseits vom Siedlungskern an. In Zeiten der Pest wurden die Leichen in große Gräber abgeladen und mit etwas Erde bedeckt. Die Friedhofsmauer sollte verhindern, dass herumstreunende Tiere die Leichen aus dem Erdreich zerren, auffressen und die Gebeine verstreuen. Der Friedhof war auch ein Zufluchtsort für Menschen, die verfolgt wurden. Wer gelyncht zu werden drohte, war froh, sich zunächst einmal auf den eingefriedeten Raum zu retten, denn dort durfte kein Blut vergossen werden. Auch heute noch suchen manche Obdachlose Schutz bei den Toten.

Statt auf der Straße zu liegen und angepöbelt zu werden, schlafen sie lieber bei den Entschlafenen. Dort brauchen sie auch nicht zu fürchten, dass schwarze Sheriffs sie verjagen.

Die Toten auf dem Friedhof können nichts mehr tun, aber sie bewirken noch so manches. Am Grab ihres Sohnes wechseln die geschiedenen Eltern nach 30 Jahren zum ersten Mal wieder ein Wort miteinander. Zerstrittene Geschwister geben sich die Hand. Die Ex und die Freundin, die einander lange aus dem Weg gegangen sind, tun einen Schritt aufeinander zu. Der Friedhof macht's möglich.

Gewiss: Der Friedhof ist längst nicht immer ein Hof des Friedens. Nicht wenige grämen sich am Grab und sind oft voller Groll. Erben fühlen sich betrogen und bekriegen sich, Kinder geben ihren Eltern auf dem Friedhof die Schuld am eigenen Scheitern. Nicht nur Geschiedene weigern sich, ins Grab ihres Partners beigesetzt zu werden. „Bei meinem Mann kann ich nicht zur Ruhe kommen." Und auch die Umbettung sorgt gelegentlich für Unfrieden in Familien. Die Totenruhe steht zwar im Grundgesetz und soll die Würde des Menschen über den Tod hinaus garantieren. Aber wie sollen die Toten ruhen, wenn unter ihren Gräbern die S-Bahn rollt! Und wie viele Friedhöfe mussten schon Straßen und Parkplätzen weichen. Im Judentum sind Gräber unantastbar. Da wird ein Parkhaus notfalls auf Stelzen gebaut, wenn man beim Bau überraschend auf Grabstellen stößt.

Bei uns wird die „Liegezeit" immer kürzer, die Laufzeit läuft immer schneller ab: 30 – 25 – 20 – 15 – 12 Jahre. Zeit ist Geld. Vielen ist es aber nicht einmal vergönnt, in einem Grab zu ruhen. Ihre Leiche wird wie Abfall ent-sorgt. Ab in den Ofen. Ab in die Büchse. Ab ins Loch. Irgendwo. Dort, wo es die Kommune am günstigsten kommt, werden Wohnsitzlose,

Gefangene, Bettler und andere arme Schlucker „von Amts wegen" beigesetzt. In Großstädten kommen die Urnen erst unter die Erde, wenn eine bestimmte Anzahl „voll" ist. Bis dahin stehen die blechernen Behälter im Regal einer tristen Friedhofskammer herum – wie „herrenloses Gepäck", das nicht abgeholt wird.

In Stuttgart werden 165 Urnen wie große Konservenbüchsen auf einer Palette gestapelt und im Morgengrauen von einem Bagger an das Gemeinschaftsgrab herangefahren. Ab in die Grube. Sang- und klanglos. Namenlos. Würdelos.

Wo ist die Zeit, als den Toten noch Ehre erwiesen wurde? Sie wurden mit Weihwasser besprengt und beweihräuchert, um die Würde des Einzelnen zu unterstreichen. Pietät wird immer mehr zum Fremdwort. „Muss es denn ein Sarg sein? Reicht nicht ein blauer Sack?", fragen Angehörige den Bestatter.

In den Vollholz-Särgen und teuren Truhen wird die Verwesung verzögert, weil kein Sauerstoff an die Leiche kommt. Dagegen führten früher Särge aus Kalkstein, die „fleischfressenden" Sarkophage, die Verwesung eines Leichnams in 40 Tagen herbei. Die örtlichen Bodenverhältnisse verhindern oft die Verwesung der sterblichen Überreste innerhalb der Pachtzeit für die Grabnutzung. Übrig bleiben die sogenannten Wachsleichen. Was geschieht mit den Nicht-Verwesten? Darüber spricht man nicht. Und auch die Totengräber bekommen oft einen Maulkorb. Auf manchen Friedhöfen steht das Wasser so hoch in den Gräbern, dass gewitzelt wird: „Wenn du dich da beerdigen lässt, brauchst du eine Schwimmweste." Wir machen gerne Witze über das, was uns Angst macht.

Die Vorstellung, bei lebendigem Leibe begraben zu werden, hat den Menschen schon immer Schauer über den Rücken gejagt. Nicht umsonst wurden Rettungsapparate für begrabene Scheintote konstruiert. So wurde zum Beispiel dem Begrabenen ein Draht um den Finger gewickelt. Der Draht führte zu einer Glocke, die in der Totengräberwohnung angebracht war. Auch kommunale Leichenhäuser sollen verhindern, dass für tot gehaltene Menschen beerdigt werden. Die Trennlinie zwischen Leben und Tod soll todsicher sein. Daher auch die Vorschrift, dass Bestattungen frühestens 48 Stunden nach dem Tod stattfinden dürfen.

Die obligatorische Leichenschau und die medizinische Unbedenklichkeitserklärung vor der Einäscherung sollen gewähren, dass ein unnatürlicher Tod ausgeschlossen werden kann.

Trotzdem gibt es anschließend manchmal noch böse Gerüchte. Die kursieren nicht selten auch um Prominente: Uwe Barschel, Jürgen Möllemann, Yassir Arafat, Jörg Haider. Sein Leichnam wurde nach der Trauerfeier nicht eingeäschert, weil seine Familie Zweifel hatte an der offiziellen Version des Autounfalls.

In der Antike war man davon überzeugt, dass der Verstorbene hört, was die Hinterbliebenen über ihn sagen. Darum war es den Angehörigen wichtig, dass ihm eine schöne Leichenrede gehalten wurde. Auch heute gilt immer noch das Prinzip, über Tote nur Gutes zu reden. Da artet die Leichenrede meist in Lobhudelei aus. Manch einer wird über den grünen Klee ins Grab gelobt. Als ob der Tote immer der Beste der Familie gewesen wäre. Nachrufe sind oft nur schwer zu ertragen. Viele empfinden es auch als Zumutung, am offenen Grab „für den

Nächsten aus unserer Mitte" zu beten. Schließlich könnte es ja jeder selbst sein.

Ein Gang über den Friedhof lässt uns zu uns selbst kommen. Auch wir sind Vorübergehende. Manchmal beneiden wir die Toten: Sie haben schon hinter sich, was wir noch vor uns haben. Einige unserer Vorgänger haben denkwürdige Worte hinterlassen, oftmals nicht ohne schwarzen Humor:

Hier ruh´n meine Gebeine.
Ich wär´ froh, es wären deine.
Erich Kästner

Nun lieg im Grab ich und muss verwesen.
Was ihr noch seid, bin ich gewesen.

Hier liegt ein Mensch, der versuchte,
Mensch zu sein.

Hier ruht in Frieden Dr. Dehler
im Kreise seiner größten Fehler.

Hier liegt Zahnarzt Dr. Koch.
Er füllte hier sein letztes Loch.

Hier ruht mein Kind Irene,
und das will etwas heißen:
sie hatt´ noch keine Zähne
und musst ins Gras schon beißen.

Ins Gras zu beißen
macht selbst Vegetariern keinen Spaß.

Geh still vorbei und schau nicht rüber –
sonst steht er auf und labert wieder.

Hier liegt unser Organist.
Warum? Weil er gestorben ist.

Der Friedhof ist längst nicht mehr, was er war. Wenn es so weiter geht, können wir das Grab bald beerdigen. Immer mehr Menschen lassen sich einäschern. Sie möchten nicht begossen werden und Angehörige mit der Grabpflege belasten. Viele Hinterbliebene aber empfinden es nicht als Last, das Grab zu pflegen. Sie betrachten es als letzten Liebesdienst und sind dankbar, dem geliebten Menschen auf diese Weise noch etwas zurückgeben zu können.

Manche bringen immer noch frische Blumen aufs Grab ihres Partners. Auch nach vielen Jahren ist ihre Liebe nicht verblüht. Ein Theologieprofessor legt seiner Tochter drei Äpfel auf den Rasen unter das schmiedeeiserne Kreuz. Ihn stört es nicht, wenn „die lieben Leute" das für verrückt halten. Der Gottgelehrte hat nur einen Wunsch: Meine Tochter möge die drei schön gereiften Äpfel sehen und sich ihrer erfreuen.

Auch Gespräche am Grab sind für aufgeklärte Zeitgenossen eigentlich verrückt. Wozu mit einem Menschen reden, der nicht antwortet? Warum jemanden um Rat fragen, der nichts mehr sagen kann. Was Trauernde ihrem Schatz so alles sagen, ist oft schon „süß". „Du hast hier ein schönes Plätzchen: Morgens Sonne und nachmittags Schatten. Und später komme ich dann zu dir und wir sind wieder zusammen." – Und die 87-jährige Hilde meint: „Hein, es lohnt sich nicht mehr, dass ich noch heimgehe."

Der Friedhof erzählt viele Geschichten. Die berühmteste ist die vom leeren Grab. Man(n) behauptet, dass der Auferstandene zuerst den Frauen erschien, damit es schneller bekannt wurde. Es wird gemunkelt, dass Jesus sich mit Maria Magdalena aus dem Staub gemacht haben soll.

Auf dem Friedhof gedeihen böse Gerüchte und üble Nachrede. „Kaum war seine Frau unter der Erde, da hatte er schon eine zwanzig Jahre Jüngere." – „Bei dem Drachen braucht man sich nicht zu wundern, dass er sich die Kugel gegeben hat." – „Wie konnte die auch nur so blöd sein, noch einmal zu heiraten. Sie hat ihn zwei Jahre pflegen müssen und jetzt sein Grab. Ich sage dir: Solange ich lebe, kommt mir kein Mann mehr ins Haus." – „Als sie starb, soll ihr Enkel den Bestatter gefragt haben, ob er seine Oma nicht selbst verbrennen kann. Der Geizkragen."

Die Friedhofsgeschichten kommen bunt und schrill daher, wie das normale Leben auch. Tragik, Komik, Lachen, Weinen liegen zuweilen so nahe beieinander, dass sie ineinander übergehen: Tränen lachen. Es geht nicht darum, den Tod ins Lächerliche zu ziehen, sondern ihn wieder ins Leben zu holen. So wie in Süd-Amerika. Dort gehen die Leute am Todestag eines Angehörigen auf den Friedhof, essen am Grab und gießen auch etwas Wein auf den Verstorbenen, damit er am gemeinsamen Mahl teilnimmt.

Auch bei uns waren die Lebenden den Toten schon sehr viel näher. Es gab Zeiten, da wurde zwischen den Knochenkammern und dicht gedrängten Gräbern Markt abgehalten. Musikanten, Schauspieler und Zauberkünstler traten auf. Es wurde sogar getanzt. Es täte auch uns gut, die Nachbarschaft mit „Freund Hein" wieder zu beleben. Schließlich begleitet er uns – von der Wiege an. Das Bewusstsein unserer Endlichkeit hilft uns, endlich zu leben.

Natürlich denken wir nicht gerne an unser Ende. Im Grunde sind wir alle mit Tante Traudel verwandt. Sie sagte immer, wenn jemand im Bekanntenkreis starb: „Besser der als ich!" Eines Tages denken andere das Gleiche über uns und lesen unsere Todesanzeige. Und sind wir dann „eine schöne Leich", gelingt es uns vielleicht auch noch, die Weinenden zum Lachen zu bringen. Sie brauchen sich nicht gleich totzulachen. Wir können den trauernden Hinterbliebenen nichts Tröstlicheres hinterlassen als ein Lächeln im Sarg.

Petrus Ceelen

Zähne zeigen

Leni hatte die letzten Vorbereitungen getroffen. Die von ihr selbst verfasste Todesanzeige und die Adressenliste für die Trauerkarten lagen in einer Mappe bereit. Auch die Lieder für ihre Abschiedsfeier waren ausgesucht. Selbst die Kleider für die Große Reise hatte sie bereit gelegt, samt Unterwäsche. Leni hatte an alles gedacht, nur nicht an ihre Zähne. Als sie dann in ihrem grünen Kostüm im Sarg lag, bat ihr Zahnarzt-Sohn den Bestatter, seiner Mutter vor der Einäscherung das Gebiss aus dem Mund zu nehmen – wegen des Goldes. Auch Bestatter sind nur Menschen, die manchmal etwas vergessen. So wurde Leni in den Ofen geschoben – mit ihren Zähnen. Der Sohn kannte kein Pardon und bestand auf der Zahngold-Erstattung durch den Bestatter. Dieser bot ihm 300 Euro an, doch das war dem Sohn zu wenig. Erst als er von der Versicherung des Bestattungsinstituts 1.000 Euro bekam, gab er Ruhe. Und als die Tote ihrem Sohn dann im Traum erschien, zeigte sie ihm die Zähne.

Deutschland, Deutschland über alles

„Zuerst sterben die Ausländer, dann die Alten und zuletzt vielleicht ich." Das hatte er durchaus ernst gemeint. Aber Freund Hein kennt keinen Kalender. Jeder ist für ihn alt genug. Gleichgültig ist ihm auch die Nation. Und so lag der alte Nazi mit 64 im Sarg, unter einer Deutschlandfahne. Fehlte zu seinem Abschied nur noch die deutsche Nationalhymne. Deutschland war ihm heilig. Nationalstolz und Ausländerfeindlichkeit hatte er auch seiner Tochter beigebracht. Als sie vierzehn war, fragte sie ihn nach dem Holocaust. Davon wollte er nichts wissen. „Alles Lügengeschichten." Doch die Tochter ließ nicht locker und konfrontierte ihn immer wieder mit den Nazi-Verbrechen. Es kam zum Bruch. Nach dem Abitur zog sie von zu Hause fort und ging ihren eigenen Weg. Sie wurde Lehrerin in Geschichte. Nach der Geburt einer Tochter kamen beide sich wieder näher. Opa hatte viel Freude an seiner Enkelin und legte einiges für sie auf die hohe Kante. Doch davon bekam sie nichts, denn sie heiratete einen Türken. Da war sie für ihn gestorben. Bei seiner Beerdigung stand sie mit Kopftuch an seinem Sarg. Gut, dass er das nicht gesehen hat. Sonst hätte er sich im Grabe umgedreht.

Der Engel am Grab

„Zum Paradies mögen Engel dich geleiten …", betet der Pfarrer am Ende der Trauerfeier mit auffallend schwerer Zunge. Er ist dafür bekannt, dass er sich gerne ein Gläschen genehmigt. Doch diesmal hat er sich vor der Beerdigung offenbar noch mehr Mut angetrunken. Denn im Sarg liegt seine geliebte Nachbarin. Sie hatte früh ihren Mann verloren. Als Hochwürden ihr Grab mit Weihwasser segnet, ist er der Verstorbenen so zugeneigt, dass er in die Gruft gefallen wäre, hätte nicht die geistesgegenwärtige Bestatterin ihn mit fester Hand zurückgezogen. Die Leute tuscheln. Der Leichenchor singt: „Manchmal brauchst du einen Engel, der dich schützt."

Sich warm anziehen

Wilma geht schon morgens um halb acht zum Grab ihres Mannes, noch vor dem Frühstück. Und dann besucht sie ihren Willi auch nachmittags nochmal. Einmal hat sie sich sogar nachts auf den Weg zum Friedhof gemacht, aber dann ist sie unterwegs stehengeblieben und hat sich gefragt, ob sie nun ganz verrückt geworden sei. An Willis Grab klagt sie ihm ihr Leid, fragt ihn um Rat. Und immer wieder erzählt Wilma ihrem Willi, wie teuer alles geworden ist. In der kalten Jahreszeit legt sie ihm ein paar Tannenzweige aufs Grab. „Denn ich möchte nicht, dass du frierst. Aber du hast ja die warme Decke und die Strickjacke. Die langen Hosen und die Wollsocken habe ich dir selber angezogen. Eines Tages komme ich zu dir und ziehe mich warm an. Und dann sparen wir uns die Heizkosten."

Ganz schön verrückt könnte man meinen. Als Ben seinem Vater eine Flasche besten Bordeaux ins Grab warf, sagte ihm seine Schwester: „Spinnst du? Die kann er doch nicht mehr trinken." „Ach so", antwortete Ben, „und deine Blumen kann er noch in die Vase stellen?!"

Als sei er der letzte Dreck

Bernhard war an AIDS gestorben. Seine Mutter wollte, dass ihm im Sarg sein Konfirmandenanzug angezogen wird. Doch als sie ihn dann vor der Trauerfeier noch einmal anschauen wollte, traf sie der Schlag: Ihr Junge lag in einem blauen Müllsack! Anschließend wurde der Sarg mit Silikon verschlossen. „Wegen Ansteckungsgefahr!" Igittigitt. Die Träger ziehen sich Gummihandschuhe an, als ob sie sich allein schon durch die Berührung mit dem Sarg infizieren könnten. Gott sei Dank hat der sensible Bernhard nicht mehr mitbekommen, dass er anderen auch noch nach seinem Tod so viel Angst macht. Er hatte schon zu Lebzeiten genug darunter gelitten, wie ein Aussätziger behandelt zu werden.

Auch nach mehr als fünfzehn Jahren kommt Bernhards Mutter immer noch nicht darüber hinweg. „Es tut mir immer noch so weh. Dass Bernhard sterben musste, das kann ich noch annehmen, denn es war kein Leben mehr. Aber dass er vom Bestatter in einen Müllsack gesteckt wurde, das bricht mir das Herz. Wie oft läuft nachts noch der Film von Bernhards Begräbnis vor meinen Augen ab. Und jedes Mal ist es ein Albtraum, mein Albtraum."

Ein Gänseblümchen

In der Trauerhalle sitzt die feine Gesellschaft in teurem Tuch: die Herren in Schlips und dunklem Anzug, die Damen mit großen Hüten – wohl behütet. Vor ihren versteinerten Mienen liegt er. Nicht in einem Sarg, sondern in der billigsten Kiste. Kein Kranz, kein Gesteck, kein Gebinde, keine Blume, nichts drauf. Das ist die Strafe der Eltern für ihren „verlorenen Sohn", der so viel Schande über die ehrenwerte Familie gebracht hat. Wer nicht hören will, muss fühlen. Der arme Kerl tat dem Friedhofsaufseher so leid, dass er auf dem Weg zum Grab ein Gänseblümchen pflückte und es ihm auf die Holzkiste legte.

Glückliches Beileid

Sie hatte das Sagen. Er musste ihr nur gehorchen. Und wenn er es einmal wagte, seine Meinung zu äußern, fertigte sie ihn ab: „Schluss. Aus. Themenwechsel." Sie war der Herr im Haus. Nur im Sarg hatte sie nicht die Hosen an.

Als die Leute ihn vorsichtig fragten, wie es ihm denn ginge, so kurz nach dem Tod seiner Frau, antwortete er: „Mir geht es gut. Von Tag zu Tag besser." Es dauerte nicht lange, da sagte er mit strahlendem Gesicht: „So gut wie jetzt ist es mir noch nie gegangen." Vergnügt ließ er auf ihrem Grabstein eingravieren:

So eine wie dich
werde ich nicht mehr finden
und auch nicht mehr suchen.

Da liegt der Hund begraben

„Wer die Menschen kennt, liebt die Tiere", hatte Markus oft gesagt. Nach mehreren enttäuschten Beziehungen war er auf den Hund gekommen. Es war Liebe auf den ersten Blick gewesen, als er den Schäferhundwelpen im Tierheim sah. Von diesem Augenblick an war er ihm ans Herz gewachsen. Bel-ami und Markus wurden ein unzertrennliches Paar. Einer brauchte den anderen. Manchmal hörte Bel-ami gar nicht mehr auf, sein Herrchen abzulecken. „Mein Hund nimmt mich so wie ich bin und wenn ich ihn einmal schlecht behandele, verzeiht er mir." Ja, Menschen tun das nicht so schnell.

Eines Tages wurde bei Bel-ami ein Hirntumor festgestellt. Trauriger hätte Markus auch nicht sein können, wenn es bei ihm selbst gewesen wäre. Am Ende musste der Hund eingeschläfert werden. „Als ich ihn in meinen Armen hielt, hat Bel-ami mich tieftraurig angeschaut. Wie weh hat mir dieser Blick getan! Nach der Injektion ist er kurz zusammengezuckt und eingeschlafen. Und mir sind die Tränen heruntergelaufen und ich habe hemmungslos geschluchzt, ich weiß nicht wie lange. Um keinen Menschen habe ich mehr getrauert als um meinen Bel-ami." Markus starb drei Jahre später. Auf der Marmorplatte seines Grabes wacht ein großer Schäferhund, sein Bel-ami.

Dass mir mein Hund das Liebste sei,
sagst du, oh Mensch, sei Sünde,
mein Hund ist mir im Sturme treu,
der Mensch nicht mal im Winde.

Franz von Assisi

Eine schöne Leich'

Sabine hatte ihre Tante schon mehrere Jahre nicht mehr gesehen. Aber zu ihrer Beerdigung wollte sie unbedingt gehen. Denn sie dachte immer noch gerne zurück an die Ferien, die sie bei ihr auf dem Bauernhof verbracht hatte. Als Sabine nun ihre Tante im Sarg liegen sah, wunderte sie sich sehr. Das soll meine Tante Marie sein, diese einfache, bescheidene Frau? Die alte Bäuerin? Das kann doch nicht sein. Ein seidenes Gewand in Teerosenfarbe, Spitzenkragen, gerüschtes Band, Plissee-Falten. Vor ihrem Gesicht trug sie einen Schleier mit Spitzen. Todschick. Eine schöne Leich'. Nur hatte diese stark geschminkte „Puppe" mit roten Lippen keinerlei Ähnlichkeit mit der Frau, die sich nie gepudert hatte. Hätte Marie sich selbst so liegen sehen, hätte sie bestimmt entsetzt gerufen: „Das bin doch nicht ich!"

Wie sagte noch Karl Jaspers selig: „Macht mit mir, was ihr wollt, aber verwechselt meine Leiche nicht mit mir!"

Der Weitsprung

Nach 12 Jahren darf er heraus – zur Beerdigung seiner Mutter. Die grüne Minna fährt ihn bis vor den Friedhof. Die Leute reden, lassen kein gutes Haar an ihm: Der „Schandfleck der Familie", der „Sargnagel seiner Mutter". Sie aber ist zweimal im Monat mit Bahn und Bus zu ihm hingefahren und hat ihn im Knast besucht. „Er ist immer noch mein Junge!"

Nun geht er mit gesenktem Haupt hinter ihrem Sarg her. Gleich hinter ihm die zwei Grünen in Uniform. Am Grab macht ihm einer der „Schließer" die Handschellen ab. Der Sarg wird hinabgelassen, das Vaterunser gebetet. „Und vergib uns unsere Schuld…" Plötzlich springt er über das Grab seiner Mutter und rennt seinen Wächtern davon.

Weit kommt er nicht. Am Abend sitzt er wieder im Grab seiner verschlossenen Zelle – zweifach verriegelt. Es tut ihm leid, was er nun seiner Mutter noch angetan hat. Doch er hofft, dass sie ihm auch diesmal verzeiht.

Schwitzen im Winter

Langsam sollte der Sarg von Schwester Benedikta hinunter gelassen werden. Doch das gelang nur einen Meter. Dann hakte er auf einer Seite. Kopfüber neigte sich der Holzkasten in die Grube. Noch einmal hoch und wieder runter. Aber wieder schräg. Diesmal die Füße unten und der Kopf oben. Mit letzter Kraft zogen die vier Träger den Sarg wieder hoch, um es noch einmal zu versuchen. Vergeblich. Der Sarg hing schief in halber Höhe. Entweder war der Sarg zu groß oder die Grube zu klein. Aus dem Inneren des Sarges hörte man nun auch noch deutlich etwas rutschen. Irritiert und dennoch würdevoll legten die Sargträger die Seilenden seitwärts auf den Boden, wohlwissend, dass der Sarg nach der Feierlichkeit wieder heraufgezogen werden musste. Kaum hatte der Pfarrer mit seinen Gebeten begonnen, machte eines der Seile sich selbstständig und rutschte rumpelnd in die Grube. Kurz darauf landete auch das zweite Seil geräuschvoll irgendwo unten in der Grube. Es war Winter. Durch die Anspannung waren selbst die Trauergäste ins Schwitzen geraten. Am liebsten hätten sie laut gelacht, aber das gehört sich nicht bei einer Beerdigung. Und wenn dann noch eine Nonne senkrecht im Sarg steht und partout nicht in die Erde will.

Nicht zu glauben

Herr N. war auf einer Geschäftsreise an einem Herzinfarkt gestorben. Seine Frau möchte ihren Mann lieber so in Erinnerung behalten, wie er zu Lebzeiten war. Darum wollte sie ihn nicht im Sarg sehen. Doch mit der Zeit quälte sie die Ungewissheit immer mehr, ob ihr Gatte tatsächlich tot war. Etwa nach einem Jahr unternahm die 45-Jährige den vergeblichen Versuch, ihren Mann auszugraben.

Vollends verzweifelt muss auch die drogenabhängige Mutter gewesen sein, die tags nach der Beerdigung den Sarg ihres Babys mit bloßen Händen ausgraben wollte. Sie bekam Friedhofsverbot.

Von unten nach oben

Bei Wind und Wetter ist Heinz-Jürgen durch die Welt gestreift. Immer weiter. So weit die Füße tragen. Der Landstreicher hatte große Angst, irgendwo am Straßenrand zu krepieren, wie so mancher seiner Kumpel. Doch Heinz-Jürgen hatte einen Engel namens Ute. Sie stand ihm auch am Ende seines Weges bei und brachte ihren Schützling ins Hospiz. Dort fragten sie ihn, ob er einen Wunsch hätte. „Wie bitte? Ob ich einen Wunsch habe? Das hat man mich noch nirgends gefragt. Ja, eine Zigarette rauchen dürfen, das wäre schön!" Die Schwester hat ihn selbst gefragt, ob er ein Glas Rotwein wolle. Und dann noch der Fernseher in seinem Zimmer: „Ist der echt? Kann man den einschalten?" Echt wahr, Heinz-Jürgen hat die letzten Tage seines Lebens genossen, obwohl er sterbenskrank war. Als armer Schlucker wäre der 67-Jährige anonym unter den Rasen gekommen. Doch auch das wusste Ute zu verhindern. Sie sorgte dafür, dass seine Urne mit vollem Namen in das Kolumbarium kam. Dort ruht der rastlose Heinz-Jürgen Rust, der immer unten war, mitten in der obersten Reihe.

Bloßgestellt, blamiert

Als eine Frau einen Strauß Blumen auf den Sarg wirft, sagt die Witwe zum Bestatter: „Holen Sie sofort die Blumen aus dem Grab!" Verwundert schaut er sie an. Dann zeigt sie mit dem Finger auf die Frau: „Von *der* da kommen keine Blumen ins Grab." So bleibt dem verdutzten Mann nichts anderes übrig als mit der Leiter ins Grab zu steigen und die Blumen wieder heraufzuholen. So wird die Geliebte vor aller Augen bloßgestellt. Nach dieser Blamage waren auch die gutgemeinten Worte des Pfarrers in den Wind gesprochen: „Geht nun alle hin in Frieden."

Die Büchse da drin

„Das ist eine saubere Sache, Schatz", hatte Erwin ihr gesagt, „dann hast du kein Problem mit der Grabpflege und ich falle dir nicht mehr zu Last." Und so wurde Erwins Asche in der Urnenwand beigesetzt. Sein Schatz stand oft vor dem sogenannten Kolumbarium, aber ihr Erwin konnte nicht wie eine Taube wegfliegen. Für die nächsten zwanzig Jahre war er auf engstem Raum hinter der Abdeckplatte eingesperrt. Und wenn sie wenigstens ein Blümchen für ihn hätte hinlegen können, doch das ist verboten. Sie konnte auch nicht mit ihm reden, denn sie hatte keine Beziehung zu dieser „Büchse da drin". So ließ sie die Urne aus der „scheußlichen Schließfachanlage" holen und in ein Erdengrab einbetten. „Da kann ich auch eine Kerze für dich anzünden und bringe dir Veilchen und Tulpen, die du so gerne mochtest. Selbst im Herbst bekommst du von mir noch Maiglöckchen! Und jedes Mal, wenn ich das Unkraut auf deinem Grab jäte, höre ich dich sagen: „Unkraut vergeht nicht."

Der Blindgänger

Erich ist inzwischen einiges über achtzig und kann fast gar nichts mehr sehen. Doch das hindert ihn nicht daran, den weiten Weg zum Grab seiner schon lange verstorbenen Frau Gaby zu gehen. Langsam tastet er sich mit seinem Blindenstock den Bürgersteig entlang und steigt den steilen Weg zum Friedhof hoch. Oben angekommen streichelt er jedes Mal Gabys Grabstein und hört sie Franz von Assisi zitieren: „Der Tod ist das Tor ins Licht am Ende eines mühsam gewordenen Weges." Auf ihrem Grab steht auch ihr Lieblingsheiliger, Franziskus, mit zwei Vögelchen. Manchmal bringt Erich seine Freundin Viola mit ans Grab und gibt ein paar Stücke von sich, die er blind spielen kann. Par cœur. Das geht durchs Herz. *Wenn ich ein Vöglein wär' und auch zwei Flügel hätt', flög' ich zu dir.* Aber noch muss Erich zu Fuß den Heimweg antreten, bis seine Sehnsucht ein Zuhause hat.

Oma so lieb

Merkwürdig, dass ein 27-Jähriger noch immer so gerne das Grab seiner Großmutter pflegt. Doch damit möchte Guido ihr etwas zurückgeben für das große Glück, das sie ihm gebracht hat: sechs Richtige im Lotto. Omas Geburtstag und ihr Todestag am 31.12.13 waren goldrichtig für 2,7 Millionen Euro. „Verzeih mir, Omi, dass ich damals stinksauer auf dich war, weil du uns die Silvester-Party vermiest hast, aber es hatte schon seinen Sinn, dass dein gutes Herz ausgerechnet am letzten Tag des Jahres aufgehört hat zu schlagen. Ein Tag später hätte ich nur die drei Richtigen von deinem Geburtstag gehabt: 27. 4. 28. So erheb ich dir zu Ehren immer wieder das Glas. Und an deinem Todestag lasse ich dich besonders hochleben. „Prost, meine Liebe, Allerliebste!"

Auf Eis gelegt - Auf Seide gebettet

Am Geburtstag seiner verstorbenen Frau hatte René sich erhängt. Ohne sie wusste er mit seinem Leben nichts mehr anzufangen. Seine Mutter in L. hätte die Kosten für die Bestattung tragen müssen, doch dazu war sie als Hartz-IV-Empfängerin nicht in der Lage. Daraufhin liefern sich die Ämter zweier Kommunen einen Kampf, wer für die Kosten des „Beseitigungsvorgangs" zuständig ist. Drei Wochen lang. Solange wird „der Fall" auf Eis gelegt. Eiskalt. Nach fast fünf Wochen wurde Renés Asche von Amts wegen beigesetzt. Doch da war ihm die letzte Würde schon längst genommen.

Priester Paul Josef Nardini hätte sicher heftig protestiert, wie würdelos die Armen heutzutage entsorgt werden. Bei seiner Seligsprechung füllten so viele kirchliche und weltliche Würdenträger den Speyerer Dom, dass das gemeine Volk draußen bleiben musste. Dabei galt gerade den einfachen Leuten sein Lebenswerk. Man sagt: „Wegen dieser grotesken Feier würde Nardini sich im Grab umdrehen, wenn sie ihm nicht den Oberschenkelknochen weggenommen hätten." Dieser ist tatsächlich im Dom zu bestaunen. Die Reliquie liegt in einem Schrein auf einer himmelblauen Seidenunterlage, mit Schleifchen und Bändchen bunt verziert: blau, grün, rosa. Süß!

Jürgen komm´ bald wieder

Jürgen war mit 43 an Krebs gestorben. Er hatte zu seinen Kumpeln gesagt: „Wenn ihr in Schwarz kommt, hopf ´ich aus dem Sarg. Ihr sollt eine Party feiern." So etwas ist leicht gesagt. Tränen fließen, spätestens beim Lied von Freddy Quinn: *Nimm mich mit, Kapitän, auf die Reise.* Jürgen war oft im Süden. Nun gibt Vico Torriani ihm das letzte Geleit: *Wenn bei Capri die rote Sonne im Meer versinkt.* Als der Sarg dann in die Erde versenkt wird, singen die Schürzenjäger das *Sierra Madre.* Es klingt wie ein Gebet. Und Jürgens Weggefährten stehen mit brennenden Kerzen an seinem Grab und stimmen im Chor mit ein: Sie-rra, sie-rra, sie-rra Ma-der del Sur. Sie-rra, sie-rra, sie-rra Ma-dre. Und immer wieder wird der Refrain wiederholt. Wie im Bierzelt. Doch diesmal ohne Jürgen. *Wie schnell ein Glück oft vergeht.*

Nach dem Begräbnis geht es in Jürgens Stammkneipe. Die ersten Biere wollen noch nicht so richtig schmecken, doch nach ein paar Schnäpsen bessert sich die Stimmung. Die „Partygäste" schlucken ihre Tränen hinunter und spülen ihre Trauer weg. Nach einiger Zeit geht es zu wie im Bierzelt: *Wenn das so weitergeht bis morgen früh, ja, früh, steh'n wir im Alkohol bis an die Knie.* Und immer wieder lassen sie den lieben Jürgen hochleben und singen voller Wehmut: *Junge, komm bald wieder, bald wieder nach Haus.* Doch Jürgen war ans andere Ufer gefahren.

Nun danket alle Gott

Sie war nicht nur eine böse Schwiegermutter, sondern eine bitterböse Frau. Das bekamen ihr Sohn und seine Frau ständig zu spüren. Sie wohnten mit ihr zusammen unter einem Dach. Immer wieder kam die „Hexe" heimlich hereingeschlichen und jagte den Jungen Angst ein. Die Schwiegertochter fürchtete sich so sehr vor ihr, dass sie sich ständig umdrehte. Denn die Bitterböse stand schon mehrmals mit der Bratpfanne hinter ihr und drohte, sie zu erschlagen. Als sie dann starb, fragte der Bestatter beide, was für Lieder denn gespielt werden sollen. Nichts Böses ahnend schlug er vor: „Wie wäre es denn mit: Nun danket alle Gott!"? – „O ja, prima! Das singen wir: ‚Nun danket alle Gott, endlich ist die Alte fort.'"

Zum Wohl! Fahr wohl!

An der Urnenwand stehen auf einem Silbertablett 100 Gläschen. Es war der ausdrückliche Wunsch des irischen Trommlers, vor der Urnenbeisetzung, im Gedenken an ihn ein kleines Schlückchen zu sich zu nehmen. Der Pfarrer macht den Anfang, dann folgen zögernd die anderen. Die Urne steht noch auf der Trommel, die Glocken läuten, die Gläschen leeren sich. Einigen Trauergästen scheint der irische Whisky so gut zu schmecken, dass sie fröhlich vom Friedhof gehen.

Es muss kein Whisky sein. Auch ein Glas Schampus am Grab macht den Abschied nicht ganz so schwer. Und der Verstorbene fährt leichter davon.

Mindestens ein Meter

Nun ist er gestorben, der Mann, der vor drei Jahren seine Frau brutal erschlagen hatte. „Und für den sollen wir auch noch zahlen!?" fragt der Sohn. „Er ist immer noch unser Vater", gibt seine Schwester ihm zu bedenken. „Sag bloß, dass der auch noch eine schöne Trauerfeier bekommt. Von mir aus kommt seine Urne in das letzte Loch. Etwas anderes hat er nicht verdient." Darauf erwidert die Schwester: „Wie ich unsere Mutter kenne, hat sie unserem Vater schon längst verziehen. Und sie hat bestimmt nichts dagegen, wenn seine Asche zu ihr ins Grab kommt. „Aber wenn", so wirft der Bruder ein, „dann nicht zu nahe bei der Mama. Mindestens einen Meter über ihrem Sarg." Und so wurde die Urne des Vaters am äußersten Rand des Grabes der Mutter beigesetzt – um den „Sicherheitsabstand" zu wahren.

Beispiellose Fall-Beispiele

„Deine Kirche segnet uns doch erst, wenn wir im Sarg liegen", hatten seine Freunde ihm mehrmals vorgehalten. Nun waren sie bei seiner Trauerfeier und hörten, wie der Herr Dekan seinen Mitbruder in den Himmel lobte. „Er war wirklich ein guter Hirte, der den verirrten Schafen bis hinter die Gefängnismauer nachgegangen ist. Und er hatte auch ein Herz für Obdachlose, Drogenabhängige, Aidskranke und andere Minderheiten." Nur kein Wort über die Minderheit, der er selbst angehörte. Kein Wort von dem unwürdigen Versteckspiel. Kein Wort von der ständigen Angst vor Verleumdung. Kein Wort von der schweren Last, zwei Rucksäcke zu tragen, zwei Leben leben zu müssen. Kein Wort von der langjährigen Liebe zweier Männer, die sich gerade auf der letzten Strecke bewährt hatte. Und so wird am Ende seines Weges der Pfarrer im Sarg gesegnet, der für andere ein Segen war, aber nicht der sein durfte, der er war. Nicht einmal nach seinem Tod.

Des Pfarrers „Fall" erinnert ein wenig an Christa. Sie wurde aus dem Sinti-Clan verbannt, als sie sich outete. Die Lesbe wurde wider ihren ausdrücklichen Willen in den Ofen geschoben, obwohl ihr Opa und ihre Oma in Dachau vergast worden waren. Eiskalt.

Der letzte Wunsch

Mutter war neunzig geworden. Ihre Kinder und Enkel geben ihr ein großes Fest. Sie fragen: „Mutter, hast du noch einen Wunsch?" – „Ja", sagt sie, „wenn ich sterbe, möchte ich eingeäschert werden." – „Oh", sagen die Kinder, „das machen wir schon. Aber hast du sonst keine anderen Wünsche?" – „Nein", antwortet Mutter, „ich habe doch alles." – „Ja, aber wir möchten schon etwas Besonderes für dich", sagen die Kinder. – „Ach ja, wenn ich tot und eingeäschert bin, dann streut meine Asche aus über dem ALDI-Parkplatz." – „Wieso denn ALDI, Mutter?", fragen die Kinder. – „Ja, dann bin ich sicher, dass ihr zweimal in der Woche vorbeischaut."

Solche wie Horst

Horst, lebenslänglich, krebskrank, wollte nicht begnadigt werden. Denn er hatte Angst, in das Krankenhaus seines Heimatortes verlegt zu werden. Dort hatten sie auch nach 18 Jahren längst nicht vergessen, dass er die geliebte Jugendleiterin ermordet hatte. Der Pfarrer hatte damals von der Kanzel die Todesstrafe gefordert. Und bei seiner Festnahme wäre er von der aufgebrachten Menge fast gelyncht worden. Der unheilbar kranke Horst wollte hinter Gittern sterben und auf dem Gefangenenfriedhof beigesetzt werden. Dort musste er wohl nicht befürchten, dass sein Grab geschändet würde.

Doch auf dem Gefangenenfriedhof liegen Opfer und Verfolgte des Nazi-Regimes begraben. Der Verein für politische Gefangene will nicht, dass gewöhnliche Kriminelle den Friedhof „entweihen". So kamen die stofflichen Überreste von Horst in das Gemeinschaftsgrab für Häftlinge auf dem städtischen Friedhof. Dort ruhen sie neben anderen Friedhofsinsassen. Die werden sich am Jüngsten Tag vielleicht wundern, wenn aus dem Nebengrab acht Gestalten auferstehen. Und dann noch „solche" wie Horst!

Auf zum letzten Gang!

„Ich habe 3.000 Leute unter mich", sagt der Friedhofsaufseher ganz trocken. Wer tagein, tagaus Tote auf ihrem letzten Weg begleitet, hat oftmals eine trockene Kehle. So nimmt er zwischen zwei Beerdigungen immer einen kräftigen Schluck. Und bevor es dann zum Grab geht, sagt der Vertraute der Toten: „Wohlauf, wohlan zum letzten Gang. Der Weg ist kurz, die Ruh´ ist lang."

Diesmal muss er seinen Durst wohl besonders stark gelöscht haben. Mit kräftiger Fahne leitet er den Trauerzug. Sargträger, Pfarrer, Hinterbliebene, Freunde, alle folgen ihm als er über den großen Friedhof irrt. Der gute Mann kann die Grabstelle nicht finden. Zu guter Letzt kommt man wieder an der Leichenhalle an. Alle müssen schmunzeln, auch die Angehörigen. Selbst die Tote im Sarg hat immer noch ihr Lächeln. Und so fängt der letzte Gang wieder von vorne an. Der Weg ist kurz …

Erblasser

Ohne Sterben kein Erben. Manche Erben können es kaum erwarten. Heimlich hoffen sie, dass dem Erblasser etwas zustößt. Und wenn es dann passiert, zeigen sie Trauerpose und Tränen. „Das Weinen der Erben ist ein maskiertes Lachen." Manchmal verraten die Erben sich selbst.

Hier liegt Herr Franz Reichmann,
der unverhofft bei einem Autounfall
mit 45 Jahren ums Leben kam.
Der Herr habe seine Seele.

Die dankbaren Erben

Rücksichtsvoll

Die Mutter von fünf Töchtern hatte schon lange Alzheimer und war total verwirrt. Sie fand sich allein nicht mehr zurecht und wusste kaum noch, wer sie selbst war. Zum Glück hatte sie einen Mann, der sich aufopferungsvoll um sie kümmerte. Das kostete ihn aber so viel Kraft, dass er oft überfordert war. Als der gute Mann dann leider zuerst stirbt, wählen die Töchter auf dem Friedhof ein schmales Etagengrab für zwei Särge. Bei der Trauerfeier sitzt seine demenzkranke Frau still da, scheinbar ungerührt. Doch am Grab sagt sie plötzlich: „Manfred, ich möchte dich noch einmal ganz fest drücken."

Kurze Zeit später folgt sie ihrem Mann. Der Star der Familie, Tochter Titania, „die Königin der Elfen", ist entschieden dagegen, dass die Mutter „auf" dem Vater beerdigt wird. Schließlich habe Papi zu Lebzeiten schon genug unter der Last der kranken Mutter gelitten. Darum soll sie ihn nicht auch noch nach dem Tod belasten. So wurde die Mama im Grab gleich neben ihrem Mann bestattet. Dort liegt sie niemandem mehr zur Last.

Die Tante und die Tasche

„Elise, du bist schon so alt und hast immer noch keine Falten und dein hübsches Gesicht. Du wirst mal eine schöne Leiche sein." – „Und was habe ich davon?" fragte die 87-Jährige ihre Nichte Ruth, die Apothekerin. Diese war dann bei Elises Beerdigung so durcheinander, dass sie statt der Blumen ihre Handtasche ins Grab wirft. „Lass' sie nur da! In der Tasche ist bestimmt einiges drin. Das kann ich schon noch brauchen", hört man die immer humorvolle Tante sagen. Doch auf die Toten hört man nicht. Und so klettert Ruths jüngere Schwester ins Grab und nimmt der Tante Elise das „Taschengeld", den Obolus für den Fährmann.

Sag mir, wo die Blumen sind

Lisa ging wie jeden Morgen ans Grab ihres Mannes. So auch an diesem 2. Sonntag in Mai. Da sah sie plötzlich, wie jemand von einem frischen Grab einen Strauß Rosen mitnahm und seelenruhig davon ging. Als die immer noch verdutzte Lisa heimkam und ihrem Sohn erzählte, was sie gesehen hatte, sagte dieser: „Ja, so ist das, wo doch Blumen so teuer sind. Und heute ist Muttertag. Da werden noch viel mehr Blumen von den Gräbern geklaut als sonst. Und was glaubst du, wie viele Engel auf dem Friedhof Flügel bekommen!"

Am nächsten Tag erzählte Lisa ihrer Kollegin Hilde, was sie immer noch nicht fassen konnte: „Stell dir vor, was ich gestern auf dem Friedhof erlebt habe!" Doch Hilde war darüber nicht überrascht. „Ich hatte auf dem Grab meiner Tochter Sonja so einen schönen Engel aus Messing. Und eines Tages war er verschwunden. Der Dieb wird dafür beim Metallwarenhändler ein paar Euro bekommen haben. Aber er weiß gar nicht, was er mir genommen hat. Der Engel, der mit seinen Armen ein Kreuz an sein Herz presst, hat mich immer so getröstet."

Die wütende Lotte

Nach seinem Schlaganfall hatte Rainer sich aus dem Fenster des Krankenhauses gestürzt. Er wollte seine Frau Lotte nicht mit der Pflege eines „Krüppels" belasten. Doch wie gerne hätte sie ihrem Mann auch als Pflegefall noch gezeigt, wie sehr sie ihn liebt. Weil Lotte so sauer auf ihn war, hatte sie sein Bild im Wohnzimmer umgedreht. Lange Zeit hatte sie sich in ihrem Zorn und ihrer Trauer eingeigelt. Seit der Beerdigung war sie nicht mehr an seinem Grab gewesen. Doch jetzt stand sie dort und ließ ihrer angestauten Wut freien Lauf. Laut schimpfte Lotte mit ihm und nahm kein Blatt vor den Mund. Erleichtert kehrte sie heim, drehte sein Bild wieder um und konnte ihrem Rainer wieder in die Augen schauen.

Die großen Augen des Aufsehers

Ein Grieche im Altenheim hatte von niemandem Besuch bekommen. Nach seinem Tod konnte auch das Ordnungsamt keine Verwandten ausfindig machen. So wurde die Urne des Hellenen an einem Vormittag um 11 Uhr anonym beigesetzt. Die Heimleiterin sprach ein paar Worte und betete ein Vaterunser. Das war's – dachte der Friedhofsaufseher. Doch nachmittags um ein Uhr stand plötzlich der griechische Pfarrer mit etwa fünfzig Leuten vor ihm. Sie möchten ihren verstorbenen Landsmann sehen. Als der Pope hörte, dass die Urne bereits beigesetzt war, fing er an zu toben. Erst recht, als der Aufseher ihm mitteilte, die Grabstelle nicht verraten zu dürfen. Der Gottesmann fluchte und drohte mit dem Europäischen Gerichtshof für Menschenrechte. Daraufhin erteilte der Bürgermeister die Genehmigung, dem Pfarrer die Stelle zu zeigen. Es dauerte etwa eine Stunde bis der Pope mit seinen Leuten gegangen war. Danach schien die Grabstelle irgendwie verändert. Mit dem einen Rasensoden stimmte etwas nicht. Was es genau war, wollte der Aufseher lieber nicht nachsehen.

Einige Zeit später wurde ein Grieche „richtig" beerdigt. Nachdem der Sarg hinabgelassen war, wurden Bierbänke ans Grab geholt. Es gab Brot, Fisch, Oliven, Käse und es wurde Schnaps ausgeschenkt. Da machte der Friedhofsaufseher ganz große Augen. Und als er dann genau ein Jahr später die selben Griechen wieder am Grab sah – mit den Bierbänken, dem Picknickkorb und dem Schnaps – fiel ihm der Ouzo fast aus der Hand.

Mit ins Gebet genommen

Vor dem Gottesdienst kommt noch schnell eine Frau zum Pfarrer und gibt ihm einen Umschlag mit der Bitte, seiner zu gedenken. So betet der Pfarrer für *Paulo Dolles* und andere Verstorbene, „die uns mit dem Zeichen des Glaubens vorangegangen und im Frieden entschlafen sind." Nach dem Gottesdienst kommt die Frau tränenüberströmt zum Pfarrer an der Ausgangstür: „Ich muss Ihnen etwas beichten. Sie haben in der Messe für meinen Hund gebetet. Ist das schlimm?" Der Pfarrer beruhigt sie: „Auch der Hund ist ein Geschöpf Gottes." – „Paulo hat ja auch ein schönes Grab auf dem Tierfriedhof", sagt sie. „Da gehe ich oft hin und zünde für meinen Liebsten eine Kerze an."

Leichentourismus

Albert war nach seiner Pensionierung mit seiner Frau an den Bodensee gezogen. Noch in der ersten Woche starb er dort. Lungenembolie. Da er in seinem neuen Wohnort noch nahezu unbekannt war, sollte die Abschiedsfeier in Heilbronn stattfinden, wo er all die Jahre gelebt hatte. So fuhr der Leichenwagen erst 300 Kilometer hin und dann wieder 300 Kilometer zurück. Diesen „Leichentourismus" hat Alberts Bruder Herbert dann noch weiter geführt. Er machte die letzte Reise mit einem Berliner „Sargdiscounter" nach Tschechien und wurde dort anonym bestattet. Nur 999 Euro. Ein Schnäppchen. Alles inklusiv. Sein Bruder Albert hatte allein für die Hin- und Rückfahrt schon mehr bezahlen müssen. Und der Witwe von Herbert wurde noch etwas Asche und Erde ausgehändigt. Kostenlos.

Nachruf der Nichte

„Du blöde Kuh, das war das erste, was ich dachte, als ich hörte, was du gemacht hast. Wie konntest du nur! Sicher wolltest du mich auch dafür bestrafen, dass ich dich so selten besucht habe. Aber weißt du, du konntest manchmal auch eine grauenvolle Nervensäge sein! Trotzdem hätte ich mich mehr um dich kümmern sollen. Aber ich habe wirklich nicht gewusst, dass du so verzweifelt warst. Das hättest du mir doch sagen können. Aber du warst schon immer stur und hattest deinen eigenen Kopf. Den habe ich auch. Und weil wir uns so ähnlich sind, hatten wir es schwer miteinander. Trotzdem hab ich dich immer sehr geschätzt, auch wenn ich es dir nicht direkt gesagt habe. Ich habe so manches versäumt und bin dir vieles schuldig geblieben. Bitte, bitte verzeih mir. Es tut mir so leid, viel mehr als ich dir mit Worten sagen kann."

Am Grab sank die Nichte in die Knie und warf ihren Nachruf heulend der Tante zu. Er kam bei ihr an.

Brunos letztes Bett

Hinter einem Berg Kränze und Blumengebinde liegt Bruno in seinem letzten Hemd mit festem Kragen und Ärmelmanschetten. Die protzige Truhe ist umrahmt von Lorbeerbäumchen. Zwei Sinti spielen Zigeunermusik – zum Weinen schön. Ja, es ist zum Heulen. Bruno auf Rosen gebettet. Dabei hatte er bis zu seinem Tod monatelang in seiner „Matratzengruft" gelegen. Kein Geld für ein neues Bettpolster. Und wie oft war auch der Kühlschrank leer. Der arme Kerl. Unzählige Nächte hatte er auf einer Knastpritsche verbracht. Denn Bruno hatte lange Finger und eine goldene Nase. Er roch, wo Leute ihr Geld versteckt hatten. Einmal soll er auf einem Speicher einen blauen Müllsack mit 48.000 Euro gefunden haben. Wie ein Staatsmann wird Bruno auf starken Schultern zu Grabe getragen. Aber er hat wohl auch noch im Sarg gerochen, wie sein Abgang zum Himmel stinkt.

Geheimnisvolles Geheimnis

Nachrufe enthalten oft viele Phrasen und Floskeln. Nicht aber wenn ein Freund am Sarg seines besten Freundes spricht. Da trifft das Wort das Herz.

Rudi und Gerd kannten sich schon seit dem Kindergarten und waren auch ihren beruflichen Weg zusammen gegangen. Gemeinsam hatten sie einiges erlebt. „Rudi, damals haben wir einander versprochen, dass wir unser Geheimnis niemals preisgeben. Nun hast du es mit ins Grab genommen. Und ich werde bis zu meinem Tod mein Wort halten und mit keinem Menschen darüber reden." Mit jedem Satz stieg die Neugier. Was die zwei wohl alle die Jahre geheim gehalten hatten? Ein schlimmes Ding, das sie zusammen einmal gedreht hatten? Eine Leiche im Keller? Eine heimliche Liebesaffäre, vielleicht sogar unter Männern? Einige Trauergäste waren verärgert. Wozu so geheimnisvoll reden, um nichts zu sagen? Doch das bleibt geheim.

Nicht abergläubisch, aber ...

Es war zum Ritual geworden. Als sie abends vom Besuch ihres Mannes Hartmut im Krankenhaus heimkam, zündete sie ein paar Kerzen an. Um bei einem Glas Rotwein ein wenig zur Ruhe zu kommen. Eines Abends gingen die Kerzen plötzlich aus. Kurz danach klingelte das Telefon: „Ihr Mann ist gerade für immer eingeschlafen." Diese Gleichzeitigkeit kam seiner Frau schon sehr merkwürdig vor. Und als dann am Tag der Beerdigung noch Hartmuts Bild von der Wand fiel, wusste sie nicht, was sie davon halten sollte. Haben die Leute Recht, die behaupten, dass Verstorbene noch in der Wohnung herumgeistern? So manches soll geschehen, was mit dem Verstand nicht zu erklären ist. Seit Hartmuts Tod ist seine Frau sehr nachdenklich geworden. Sie hat eine Kerze auf sein Grab gestellt, die Tag und Nacht brennt. Und sie freut sich, dass sie nicht ausgeht und Hartmuts Licht weiter leuchtet.

Die letzte Behausung

Zu Muttis 80. Geburtstag waren ihre drei Töchter mit ihr nach Italien gefahren, wo sie früher manchen schönen Ski-Urlaub miteinander verbracht hatten. Tags vor der geplanten Abreise starb die Mutter plötzlich. Um die sehr hohen Überführungskosten zu sparen, wollten sie die „schlafende" Mutter hinten in den Wagen setzen, aber das Risiko an der Grenze war ihnen doch zu groß. So luden sie Mutti nachts in den Ski-Sarg auf das Auto, brachten sie schwarz über die Grenze und fuhren damit ganz gut. Während der Fahrt mussten die drei Schwestern immer wieder an Muttis Worte denken. „Ich bin bloß gespannt, was ihr mir für einen Sarg aussucht."

Zuhause angekommen ging die Sarg-Diskussion erst richtig los. Die älteste Tochter wollte einen breiten Sarg so wie der von Papst Johannes Paul II. Doch das kam für die beiden anderen nicht in Frage, zumal die Mama eine überzeugte Protestantin war. Der Sargkatalog des Bestatters machte die Wahl erst recht zur Qual. Von Ahorn bis Zebrano gibt es nichts, was es nicht gibt. Nach langem Hin und Her einigten sich die Schwestern auf einen Eichensarg. Schließlich war Mutti immer so gerne in ihrer rustikalen Essecke gesessen. So sollte sie sich auch in ihrer letzten Behausung noch wohlfühlen. Und als die Träger den Sarg dann langsam hinunter baumeln ließen, sagte der kleine Enkel: „Schau, Mutti, jetzt darf die Oma auch noch schaukeln."

Die Liebe hört niemals auf

Ein Mann widmet sich voller Hingabe der Grabpflege seiner Gattin. Nebenan gießt eine Frau die Blumen auf dem Grab ihres Mannes. Witwe und Witwer kommen miteinander ins Gespräch, klagen sich gegenseitig ihr Leid. Beide haben den gleichen Schmerz. Sie kommen sich näher. Und es fängt an zu kribbeln. Es dauert nicht lange, da erblüht eine neue Liebe über den Gräbern. Gemeinsam gießen nun beide das Grab der früheren Partner und sind in Liebe miteinander verbunden.

Wehe den Weinenden!

Am Grab ihres Vaters will die Tochter die Mutter trösten. Diese hält ihr Gesicht in einem Schal verborgen und schluchzt heftig. Dabei bemerkt sie aber, dass ihre Mutti nicht weint, sondern sich bemüht, ihr Lachen zu verbergen. Sie hat sich nämlich gerade daran erinnert, dass ihr Mann einmal gesagt hatte: „Wenn jemand an meinem Grab weint, schmeiß ich eine Grundscholle hoch." Traurige Mienen hatte er noch nie leiden können. Insofern durfte ihm auch der Schluss seiner Beerdigung gefallen haben. Der Chor sollte ein Lied mit vielen Versen singen. Bei jeder Strophe setzt er höher ein. In der siebten Strophe ist die Tonlage so hoch, dass die Chorleute nicht mehr richtig singen, sondern nur noch lachen können. Da kann auch die Mutter ihr Lachen offen zeigen – zum Wohlgefallen ihres Mannes.

Loben, lügen, verlogen

„Na, Herr Pfarrer, haben Sie heute bei der Beerdigung auch wieder so gelogen? Als ich Sie zuletzt beim Rolf reden hörte, da habe nicht nur ich mich gefragt: Von wem redet der da vorne eigentlich? Wie können Sie einen Mann in den Himmel loben, der andere nur drangsaliert hat? Wenn ich Sie bei Trauerfeiern reden höre, fühle ich mich wie beim Lesen der Todesanzeigen. Da schämt man sich, dass man noch lebt. Alles nur treusorgende Väter, stets freundliche Kollegen, immer hilfsbereite und herzensgute Menschen. Kein Wunder, dass die Welt so schlecht ist, wenn die Besten gehen!"

Zu-Flucht bei den Toten

Mit Rasierklingen hatte Roland tagelang die Gitterstäbe seiner Zelle durchgesägt. Als dann seine Stunde gekommen war, seilte er sich mit einem Bettlaken ab. Im Innenhof hatten die zwei Wächter gerade ihre Runde gedreht. Kaum hatte er die Knastmauer überwunden, da wurde Alarm ausgelöst. Die Sirenen heulten, die Polizei war im Anmarsch. Schnurstracks rannte Roland zum nahegelegenen Friedhof und sprang in ein ausgehobenes Grab. Er hörte den Kies knirschen und das Funkgerät piepsen, doch zum Glück schaute keiner der Polizisten in das offene Grab. Aus der Grube zu kraxeln machte dem Ausbrecher viel mehr Mühe als die Knastmauer zu überwinden. Als er es dann endlich geschafft hatte, läuteten schon die Glocken. Eine Stunde später stand auf dem Grab das Kreuz.

Schwere Schicksale

Ihr erster Mann war bei einem Unfall gestorben. Sie hatte wieder geheiratet. Doch das Glück währte nicht lange, denn ihr zweiter Mann erlitt eine tödliche Hirnblutung. Und als dann auch noch ihr dritter Mann seinem Krebs erlag, pendelte sie von einem Grab zum anderen. Immer wieder wird sie auf ihr schweres Schicksal angesprochen. Eines Tages sagt ihr eine Frau, die das Grab ihrer Mutter pflegt: „Sie tun mir schon Leid. Aber Sie haben wenigstens einen Ort, wo Sie trauern können. Meine Tochter ist schon seit sieben Jahren vermisst. Ich wäre froh, wenn ich ein Grab hätte, an dem ich weinen könnte." Zu denken gibt ihr auch, was sie von ihrer früheren Klassenkameradin zu hören bekommt. „Du hast drei Männer gehabt und alle drei verloren. Das ist bestimmt ganz schmerzhaft. Aber weißt du, wie weh es tut, wenn du in deinem Leben nicht einen einzigen Mann findest, der dich liebt!?"

Zum Kuckuck. Helau!

Der alte Herr war schon ein wenig klapprig, und dann musste er für den Nachruf noch auf den kleinen Erdhügel steigen. Denn es war so eng, dass die Erde vom Grabaushub zwischen beiden Reihen lag. Und auch der Kranz lag ganz nahe am Grab. Nun begann der alte Herr mit seinem närrischen Nachruf auf Jochen, der Mitglied beim Fastnachtsverein „Kuckuck" war. Mit seinen ausladenden Bewegungen stieß der Trauerredner immer wieder an den Kranz, so dass dieser jedes Mal ein klein wenig weiter kippte. Die ganze Trauergemeinde stand wie gebannt da und hoffte, dass das gute Ding nicht runter fällt. Aber der Kranz blieb liegen. Helau! Nach dem Nachruf beobachteten alle mit Anspannung den etwas schwierigen „Abstieg" des alten Herrn. Nach zwei kurzen Schritten warf er seine Arme hoch, drehte sich in Windeseile um die eigene Achse. Ein Aufschrei ging durch die Reihen. Jeder erwartete, dass der schon ziemlich Hinfällige hinfallen würde. Doch diesen „Gefallen" tat er nicht. Der alte Herr hatte nur noch vergessen zu sagen: „Es war Jochens größter Wunsch, dass wir zum Schluss alle zum Kuckuck gehen! Helau!"

Gottloser Gottesacker

Der Pfarrer steht am offenen Grab eines Drogensüchtigen. Neben ihm stehen ein paar elende Gestalten mit einem Bein im Grab. Hinter den Büschen lauern Kripobeamte und filmen das aufgebrachte Häuflein. „Lass ihn ruhen in Frieden!", betet der Pfarrer. „Und lasst uns wenigstens hier in Ruhe", schreit eine Fixerin. Doch die Polizisten kennen keine Gnade und verhaften noch auf dem Friedhof einen Junkie wegen ein paar „Grämmchen". Wo ist die Zeit, als der Friedhof flüchtenden Straftätern Asyl gewährte?! Heute ist den Gesetzeshütern nichts mehr heilig. Auch nicht die geweihte Erde, der Gottesacker.

Freya befreit

Marina. Wie konnten ihre Eltern sie nur nach einem so blöden Schlager benennen? „Marina, Marina, Marina, du bist ja die Schönste der Welt!" Wie oft hatten ihre Klassenkameraden sie damit gehänselt! „Bei Tag und Nacht denk ich an dich, Marina, du kleine zauberhafte Ballerina." Dabei war sie als Kind so pummelig und hatte Pickel im Gesicht. „Wunderbares Mädchen, bald sind wir ein Pärchen …" Unzählige Male hatte sie Spott und Hohn ertragen müssen. Ihre Eltern hatte keine Ahnung, wie viel Leid sie ihr mit diesem unsäglichen Namen zugefügt hatten. Viermal bekam sie zu ihrer Konfirmation die Schallplatte geschenkt, die sie nicht mehr hören konnte: Marina, Marina, Marina … Damals schon hatte sie beschlossen, lange mache ich das nicht mehr mit.

An ihrem 18. Geburtstag erklärte sie feierlich: „Ich möchte mich endlich von meinem unmöglichen Namen befreien und heiße ab jetzt: Freya." Und so wurde sie seitdem auch von allen genannt. Bei ihrer Trauerfeier sprach der Pfarrer nur von Marina, weil er nicht wusste, wie sehr sie unter diesem Namen gelitten hatte. Aber auf ihrem Grab steht in Granit eingraviert FREYA. Sie hatte Marina vor fünfundfünfzig Jahren beerdigt.

Halt die Ohren steif!

Der neue Vereinsvorsitzende hatte noch keine Erfahrung mit Nachrufen und war entsprechend aufgeregt. Es dauerte eine Weile bis der Kloß im Hals weg war. Seine Grabrede beendete er mit den Worten: „Und den trauernden Hinterbliebenen meinen herzlichen Glückwunsch."

Eines Tages musste er den Nachruf für seinen besten Freund halten. Mit ihm war er nach der Sitzung immer noch ein Bier trinken gegangen. Aus lauter Gewohnheit beendete er seine Rede mit dem üblichen Abschiedsgruß: „Mach´s gut, Hannes, halt die Ohren steif. Und bleib gesund und munter!"

Kindlicher Glaube

„Du Julia, dein Opa ist gestorben. Jetzt ist er in den Himmel gegangen", erklärt ihr der Papa. Skeptisch schaut die Kleine zum Himmel hinauf und fragt: „Glaubst du, dass der Opa das schafft?"

Einige Tage nach der Beerdigung steht Julia mit ihrer Oma am Grab und sagt: „Oma, ich bin so froh, dass der Opa meine Gummibärchen mitgenommen hat. Die kann er sicher gut gebrauchen." – „Und ob", meint die Oma. „Und was wirst du mir mitgeben? Denn eines Tages liege ich hier." – „Du, Oma, du doch nicht. Du stirbst nicht. Dich müsste man erschießen!"

Friedhofsorgie

Die Freunde des tödlich verunglückten Jens treffen sich abends bei seiner Mutter, um in seinen 18. Geburtstag hinein zu feiern. Nachts, um eins, fahren sie mit drei Autos zum Friedhof. An Jens´ Grab zünden sie mehrere Teelichter an und setzen sich im Schneidersitz hin. Es ist eine klare Nacht, und der Mond scheint so schön am Himmel. Als die Kirchenglocke ein Uhr schlägt, holt Klaus eine Flasche Asti Spumante unter der Jacke hervor. Alle stoßen an auf Jens, der um ein Uhr nachts geboren wurde. Dann erhebt sich Klaus und leert den Rest aufs Grab seines Freundes: „Jens, das ist für dich!" Bevor die Freunde gehen, stecken sie noch die Sektflasche neben das Grabkreuz. Und am nächsten Tag behaupten böse Zungen, dass auf dem Friedhof eine Orgie stattgefunden hat.

Mein Gott, Walter

Nun ist also doch geschehen, wovor der Pfarrer sich immer so gefürchtet hatte: Eine Namensverwechslung bei einer Beerdigung. Das war noch viel schlimmer als damals sein Blackout bei der Trauung, als er vor dem Eheversprechen das Brautpaar fragen musste: „Wie heißen Sie noch mal?" Das war irgendwie noch lustig gewesen. Aber bei einer Trauerfeier verstehen die Leute keinen Spaß. Da ist alles ernst. Todernst. Schon mehrmals hatte der Pfarrer gemerkt, dass die Kinder des Verstorbenen heftig den Kopf schüttelten, aber er wusste nicht warum. Bis der älteste Sohn aufstand und klar stellte: „Unser Vater heißt Horst Walter und nicht Walter Windhorst." Der Pfarrer sagte danach nur noch „der Verstorbene" und hütete sich, ihn beim Namen zu nennen. Seitdem legt der Pfarrer bei jeder Trauerfeier den Namen des Gestorbenen in Riesen-Buchstaben vor sich auf das Pult, aber er meidet immer noch die bei Beerdigungen beliebte Bibelstelle: „Ich habe dich bei deinem Namen gerufen."

Falscher Trost

Martin war mit 39 seinem Lungenkrebs erlegen. Hunderte waren gekommen, um ihm Lebewohl zu sagen. Und alle waren tief gerührt, als Mireille Mathieu ihr Liebeslied durch die Trauerhalle trällerte: „Martin, Martin, all meine Träume heißen Martin, Martin."

Nun aber war der Traum von einem langen gemeinsamen Leben mit ihrem Martin ausgeträumt. Und so musste seine Frau ihn schweren Herzens auf seinem letzten Gang begleiten. Sie hatte zwar in der Todesanzeige geschrieben: „Von Beileidsbekundungen am Grab bitten wir abzusehen." Aber vielen war es offenbar doch ein Bedürfnis, der jungen Witwe ihr Mitgefühl zu zeigen. Eine stille Umarmung, ein fester Händedruck, eine Menge Trauertränen und gutgemeinte Worte zum Trost. „Wen die Götter lieben …" – „Das Leben geht weiter." Sie musste sich einige blöde Sprüche anhören. Als aber Martins bester Freund ihr sagte: „Du findest bestimmt noch einen anderen", antwortete sie ihm: „Ich will aber keinen anderen."

Zu trösten vermochte Martins Frau auch nicht, was sie von ihrer Kollegin zu hören bekam: "Ich würde auch lieber auf den Friedhof gehen als meinen Mann an eine andere zu verlieren."

Ein gewichtiges Problem

Mit fünf Jahren hatte Gerda Kinderlähmung bekommen.
Zur Schule wurde sie immer mit einem kleinen Leiterwagen
gebracht. Durch das erlittene Leid war Gerda sehr einfühlsam
und hilfsbereit geworden. Sie tat nichts lieber, als anderen
eine Freude zu machen. Um auch noch nach ihrem Tod
etwas Gutes zu tun, hatte sie ihren Leib der Forschung zur
Verfügung gestellt. Sie war sich sicher: „An mir können die
vieles lernen!" Doch Gerda war so dick, dass sie nicht in die
Wanne passte. Erst wollte man sie mit einem Kran aus dem
Fernster ihrer Wohnung herunterholen, doch dann gelang
es doch noch mit einem Schwebetuch. So kam ihr massiger
Leichnam nicht auf den Seziertisch, sondern unter die Erde.
Dort ist auch das größte Übergewicht unwichtig.

Hört! Hört! Unerhört

„Sie sind HIV-infiziert." Diese Diagnose hängt man nicht an die große Glocke. Und schon gar nicht in einem 1200-Seelen-Dorf. Günther tat alles, um es geheim zu halten. Er fuhr nach München zum Arzt und packte die Medikamente um, denn die könnten ihn ja verraten. Trotz aller Notlügen war er voller Angst: Vielleicht wissen die anderen doch, was ich habe! Erst recht als die Krankheit AIDS ausgebrochen war und er wie ein Hungerhaken aussah, traute er sich nicht mehr aus dem Haus. Hinter unsichtbaren Gittern gefangen hat Günther tagtäglich seine Agonie durchlitten und wachte nachts schweißgebadet auf. Wie viele Tode ist er gestorben, bevor er mit 32 im Sarg lag. Und als er dann begraben wurde, haben die Glocken nicht aufgehört zu läuten. Ein technischer Defekt soll es gewesen sein. Vierzig Minuten lang bim, bam, bim, bam. So als ob Günther mit dem Geläut ganz laut verkünden wollte: „Hört! Hört! Wisst ihr eigentlich, wie viel Angst ich vor Euch hatte!? Vor Eurem Getuschel und Gerede! Vor Eurem Zeigefinger! Wisst ihr überhaupt, dass ich ein Bluter war?"

Theater, Theater

Streichquartett, Opernsängerin, Diashow: ein grandioser Abgang von der Bühne. Ludmilla liebte Theater, Musicals Opern und Operetten. Sie hatte sich selbst auch immer gut in Szene zu setzen gewusst. Die Rolle der Prinzessin war ihr auf den Leib geschrieben. Nun lag sie in ihrem weißen Hochzeitskleid in einer kostbaren Truhe.

Am Grab hatten die vier Träger das Prunkstück schon mit den Seilen hochgehoben. Aber nun hätte ein weiterer Mann die beiden Vierkanthölzer wegziehen müssen. „Zieh doch", raunte der eine Träger seinem Gegenüber zu, „zieh du doch", raunte der zurück. Böse schauten sie sich an, bis dann Ludmillas Prinz-Gemahl genervt die beiden Hölzer wegzog. Doch nun war das Prachtstück auch noch so breit, dass es mitten im Grab hängen blieb.
Der Sarg hatte sich verkeilt. So blieb Ludmilla in der „Luft" hängen. Plötzlich ertönte eine Trompete von irgendwoher. Der Trompeter hatte sich hinter einem Busch versteckt.
Il silenzio.
Gesammelte Stille.
Alle Augen gespannt auf Ludmilla gerichtet. Bühnenreif. Eine tolle Inszenierung. Es fehlte nur noch der Applaus.

Blutsverwandt

Während der Trauerrede bleibt dem Pfarrer plötzlich die Stimme weg. So innerlich bewegt ist er beim Abschied seines Freundes. Und als er dann das Grab mit Weihwasser segnen will, bekommt er Nasenbluten. Ein zusätzliches Zeichen, wie innig er mit ihm verbunden ist. Blutsverwandt. Nicht einfach, die blutende Nase zu stillen, wenn man in der einen Hand den Weihwasserwedel und in der anderen das Gebetbuch hält. Aufmerksame Trauergäste ziehen im Eiltempo ein Tempo aus der Tasche, um es dem Pfarrer zu geben. Als er dann endlich das Grab seines Freundes segnen kann, läuft plötzlich eine kleine Katze um den Erdhügel des Grabaushubes. Nur Zentimeter zwischen ihm und der Kante. Oh Gott, wenn die jetzt reinfällt und dabei noch schreit. Sie trollt sich. Und auch der Pfarrer macht sich still aus dem Staub. Mit Tränen in den Augen. Lange noch begleitet den Gottesmann die Frage, warum dieser Mann ihm so nahe stand, näher als der eigene Bruder.

Heideroses Rätsel

Heiderose hatte sich umgebracht. Eine scheinbar lebensfrohe 47-jährige Frau, die alles hatte: eine glückliche Familie, berufliche Anerkennung, gutes Aussehen, ein schönes Haus. Und dann noch in der Garage einen Porsche. Trotzdem war sie gegangen. Warum? Warum? Dieses Rätsel hat sie mit in den Tod genommen. Statt eine Blume auf ihren Sarg zu werfen, bekamen alle eine Rose mit nach Hause – zum Andenken an Heiderose. Sie hatte sich einen Findling auf ihrem Grab gewünscht. Und so stehen die Hinterbliebenen immer noch ratlos vor diesem rätselhaften Stein mit der geknickten Rose.

Schöner Schein

Wolfgangs Vater, Polizist, hatte zum „Aidspfarrer" gesagt:
„Sie beerdigen meinen Sohn nicht." Dass aber seine Kumpel
zum Begräbnis kamen, konnte er auch unter Androhung von
Polizei nicht verhindern. Als die jungen Leute den grünen
Kastenwagen am Friedhof sehen, sind sie entsprechend
geladen. Sie wissen auch, dass Wolf's Vater darauf bestanden
hatte, seinen missratenen Sohn persönlich zu verhaften und
ihn hinter Gittern zu bringen. Ganz vorne sitzt er mit seiner
Familie und vielen ehrenwerten Leuten. Weit hinter diesem
schwarzen Block hocken die bunten Vögel, die meisten in
Punkklamotten. Mitten drin ein „Pinguin", eine Ordensschwester,
die „Mutter der Süchtigen". Während der Pfarrer Wolfgangs
Leben schönredet, kommt hinter seinem Rücken plötzlich
ein „dichtes" Punkpärchen mit Ketten und Nieten durch die
Sakristei-Tür hereingetorkelt: „Ist doch Scheiße. Haben ewig
lang den Friedhof gesucht. Stress ohne Ende. Und das am frühen
Morgen!" Spätestens da war der schöne Schein dahin. An
Wolfgangs Grab stehen beide Fronten sich feindlich gegenüber.
Der schwarze Block verabschiedet sich mit Weihwasser und
Blumen. Dann kommen die Unerwünschten. Einer wirft eine
Flasche Bier auf Wolfes Sarg. Ein anderer geht in die Hocke
und zerbröselt ganz langsam einen Joint. Zu guter Letzt gießt
sein Kumpel Max eine halbe Flasche Wodka ins Grab, trinkt
dann den Rest: „Wolfe, ich habe dir ja versprochen, den letzten
Schluck mit dir zu teilen."

Nicht(s) normal

Merry war immer der Meinung, dass zu ihrem Begräbnis niemand kommen würde. „Mich mag eh keiner. Aber das ist mir egal." Doch vielen war es offenbar ein Anliegen, sich von der stadtbekannten Merry, dem „Mannweib" zu verabschieden. Unter den Trauergästen waren Mitarbeiterinnen und Mitarbeiter der Drogenberatung und anderer sozialer Einrichtungen, zahlreiche Junkies, Bettler, Obdachlose, Stricher, Straßenmädchen und „Ehemalige" aus dem Knast. Sogar die Gefängnisleiterin hatte es sich nicht nehmen lassen, der oft renitenten Insassin die letzte Ehre zu erweisen. Ihre „große Beerdigung" war ökumenisch. Ökonomisch hätte Merry mit ihrem lauten Mundwerk wohl gesagt, denn bei „rein" katholischen Trauerfeiern geht das Körbchen für die Kollekte durch die Reihen. Und führe uns nicht in Versuchung ... Merry war immer auf der Suche nach Geld und dazu war ihr keine Story zu schade. „Meine Mutti ist gestorben, ich brauche unbedingt dreißig Euro für die Fahrt zu ihrer Beerdigung." Doch darüber konnte ihre Sozialarbeiterin nur lachen: „Deine Mutter gestorben. Schon wieder. Sie war doch schon ein paar Mal tot." Nun aber stand vorne wirklich Merrys Urne. Normal wäre sie irgendwo anonym beigesetzt worden. Doch der Seelsorger für Drogenkranke und die örtliche Beratungsstelle sicherten ihr ein Urnengrab. Und als alle sich dann einzeln vor ihrer Asche verneigten, war es auf dem Friedhof ganz still und leise. Selbst Merry sagte nichts mehr.

Die fertige Friederike

Vor der Trauerfeier sagt eine Italienerin zum Bestatter: „Ich möchte noch einmal meine verstorbene Freundin Friederike sehen." - „Das geht leider nicht mehr. Schau, da vorne steht die Urne."- „Ach so, alles schon fertig!?"

Der Pfarrer hat es eilig. Trauerfeier mit Urnenbeisetzung in höchstens zwanzig Minuten. Das darf doch nicht wahr sein! Ein immerhin 82-jähriges Leben so schnell abzufertigen und die Asche so rasch in der Erde verschwinden zu lassen. Als sich Friederikes Familie beim Pfarrer beschweren will, ist er schon wieder weg.

Gerade noch rechtzeitig

Der Opa war nach längerem Aufenthalt im Krankenhaus gestorben und wurde an seinen Wohnort überführt. Als der Sarg in der Leichenhalle geöffnet wurde, traf der Anblick des Toten die Angehörigen wie ein Schlag. Im Sarg lag ein ganz anderer Mann. Ein Fremder. Nach Rücksprache mit dem Krankenhaus erfuhren sie, dass am selben Tag drei verschiedene Särge mit männlichen Verstorbenen an drei verschiedene Orte in vollkommen entgegengesetzte Richtungen gebracht worden waren. In einer endloser Telefonprozedur musste zunächst in Erfahrung gebracht werden, wer wo gelandet war. Dann erst konnte die Überführung an den richtigen Ort veranlasst werden. So kam der Opa gerade noch rechtzeitig zu seiner Beerdigung.

Und die „Feier der Heimkehr" konnte beginnen.

Wie praktisch

Sigi saß tot im Sessel, während der Boxkampf im Fernsehen lief. Ein Schlaganfall hatte ihn für immer umgehauen. Der Ex-Boxer war auch für seine verbale Schlagfertigkeit bekannt. „Was würdest du tun, wenn der Arzt dir sagt, du hättest nur noch zwei Monate zu leben?" – „Ich würde sofort den Arzt wechseln." Nun hatte er aber das Zeitliche gesegnet. Was tun? „Ich will kein stinkender Madensack sein", hatte Sigi gesagt. Ein grauer Grabstein hätte zu dem lebenslustigen Mann auch nicht gepasst. Überhaupt war Friedhof nichts für ihn. Und der Friedwald? Sigis Frau dachte an seinen Spruch: „Wer Gott in der Natur sucht, der soll sich auch vom Oberförster beerdigen lassen." Nur hatte Dieter auch mit einer grünen Kirche nichts am Hut. Bliebe noch eine Seebestattung, aber dann konnte sie ihren Schatz nicht mehr aufsuchen. Was sollte sie denn machen? Da kam ihr plötzlich die Erleuchtung. Ich lasse aus Sigis Asche einen funkelnden Edelstein pressen. Dann habe ich meinen Sigi immer bei mir. Und ich kann meinen Boxer immer noch um den Finger wickeln.

Was es alles gibt!

Kurz vor der Trauerfeier gab die Tochter dem Bestatter eine gebrannte CD mit dem Ave Maria. Ein Probelauf war nicht mehr möglich. Und als der Pfarrer dann sagte: „Und jetzt hören wir das Ave Maria", gab das Gerät keinen Ton von sich. „Offenbar gibt es technische Probleme", versuchte der Pfarrer die Lage zu retten. „Dann denken wir in Stille an die Verstorbene." Kaum hatte er die Worte ausgesprochen, da klingelte sein Handy in der Tasche. Es dauerte eine Weile, bis der aufgeregte Gottesmann das Teufelsding unter seinem Talar hervorgeholt hatte. Und alle hatten seinen Klingelton durch das Mikrofon gehört: Es war das Ave Maria, von Geigen gespielt. Was es alles gibt! Da fiel dem Bestatter die Geschichte seines Handys ein, das ihm abhanden gekommen war. Beim Richten eines Verstorbenen war es ihm wohl irgendwann in den Sarg gerutscht. Als er bei der Verlustmeldung nach seiner SIM-Karte gefragt wurde, konnte er nur sagen: „Die liegt auf dem Friedhof, 1.80 Meter tief unter der Erde."

Wie vorgeschrieben

Der türkische Vater trug selbst den kleinen Sarg seines Töchterchens zu Grabe. Dort halfen ihm einige Männer den Sarg blitzschnell zu öffnen. Als der Friedhofsaufseher bemerkte, was geschehen war, da war es schon zu spät. Das tote Mädchen lag bereits im weißen Leintuch im Grab, auf der rechten Seite, mit dem Kopf in Richtung Mekka, wie es bei Muslimen Vorschrift ist. Der Leichnam wird ohne Sarg bestattet, damit der Verstorbene sich aufrichten kann, wenn die Engel ihn holen. Und als der Aufseher dann sah, wie die Trauergäste mit beiden Händen das Grab mit Erde füllten, konnte er nur noch den Kopf schütteln.

Fast unheimlich

Es hat in Strömen geregnet. Und auch bei der Trauerfeier bedecken dunkle Wolken den Himmel. Doch jedes Mal wenn die Pfarrerin etwas Persönliches über die Verstorbene sagt, bricht die Sonne durch und scheint auf den Sarg. Sobald sie allgemein zu reden anfängt, wird es wieder duster. Bis die Pastorin das Gespräch erneut auf die Tote bringt. Das haben sogar die Träger bemerkt. Und auch die Angehörigen schauen sich verwundert an und zeigen mit dem Finger nach oben. Als ob die Verstorbene oben im Himmel sitzt und jedes Mal das Licht anmacht, wenn sie ihren Namen hört. Und als dann noch über ihrem Grab ein wunderschöner Regenbogen in leuchtenden Farben erscheint, geht ein Raunen durch die Menge.

Eine wahre Lügengeschichte

Würdig, „hochwürdig" wird das Requiem für den Priester begangen. Der Bischof hebt seine vielen Verdienste hervor, lobt ihn als vorbildlichen Mann der Mutter Kirche. Hochwürden war aber auch der heimliche Liebhaber der Frau, die hinten in der Ecke sitzt. Sie durfte ihn nicht auf der Intensivstation besuchen und musste seinen Tod aus der Zeitung erfahren. Dabei war er seit vierzig Jahren ihre große Liebe. Ihm zuliebe hat sie sich sogar im geschlossenen Kofferraum in die Garage des Pfarrhauses fahren lassen. Ihre Trauer, ihre Tränen darf sie nicht einmal am Grab zeigen. Am liebsten möchte sie schreien, den hochwürdigen Herren die verlogene Geschichte ins Gesicht schreien, doch sie schweigt – schweigt wie sein Grab.

Ein Stern in dunkler Nacht

Die Mutter von Dieter bekommt einen Schreck, als sie ihren Sohn mit rot lackierten Nägeln im Sarg liegen sieht. Sie wusste zwar, dass Dieter drogenabhängig war, aber dass er sein Geld für die Drogen auf dem Strich verdiente, davon hatte sie keine Ahnung. Schließlich lebte Dieter mit seiner Freundin zusammen … Die im Dunkeln sieht man nicht. Das zeigte sich auch bei der Trauerfeier von Thomy, seinem „Arbeitskollegen". Dem alten Stricher hat es immer noch weh getan, wie die Freier den Liebeslohn herunter handeln und um einen einzigen Euro feilschen.

Du hättest ein besseres Leben verdient. – Du warst ein verwundeter Engel. – Ich danke Gott, dass ich dir begegnet bin. – Dich werde ich nie vergessen … Vielsagende Abschiedsworte schmücken Thomys Sarg. Noch mehr sagen die Tränen der „Jungs". Zum Schluss bekommen alle einen bunten Luftballon in die Hand und schreiben ihren Herzenswunsch für Thomy auf die anhängende Karte. Und so steigen rund 120 Luftballons in den Farben des Regenbogens zum Himmel hoch, als Zeichen der Solidarität mit allen, die weltweit leiden.

Auch fünf Jahre nach Thomys Tod gehen einige seiner Freunde immer noch auf sein Grab. Und noch immer schauen sie in dunkler Nacht hinauf zu den Sternen und sehen Thomys Licht leuchten.

(K)ein schöner Tod

„Lieber tot im Bordell als unter dem Skalpell." – „Der Glückspilz! So schön möchte ich auch mal sterben." – „Besser ein Hitzeschlag beim Sex als halbseitig gelähmt." – Nachrufe aus dem Netz. Die Zeitung hatte in großen Buchstaben berichtet, dass der 79-Jährige beim Liebesspiel mit einer reizvollen Brünetten plötzlich leblos zusammengesackt war. Von den vielen geneigten Lesern dachte offenbar niemand daran, sich zu verneigen vor dem betagten Mann, der sich zu Tode geliebt hatte.

Der Pfarrer wäre wohl auch ganz allein am Sarg von Georg gestanden, hätte die Aidshilfe nicht in einer Todesanzeige zu der Trauerfeier des völlig vereinsamten Georg eigeladen. Es kamen rund 40 „Dahergelaufene", um dem Mann die letzte Ehre zu erweisen, der wohl genauso einsam gewesen war wie sie. Und die auch Angst haben, dass kein Mensch ihnen am Ende die Hand hält.

Manche Menschen sterben so einsam und verlassen, dass sie wochenlang leblos in ihrer Wohnung liegen. Dann doch noch lieber in den Armen einer Prostituierten das Zeitliche segnen.

Eine heiße Nummer

Mit dreißig musste sie schon gehen. Sie war kein Kind von Traurigkeit und hatte immer einen Spruch oder einen Scherz parat. So kam es, dass sie einen großen Freundeskreis hatte. Die Friedhofskapelle war voller junger Leute jeglicher Couleur. Ihre Urne war in einem kunstvollen Gesteck mit Bändern und Blumen und Kerzen drapiert. Bis kurz vor Schluss ging alles gut, soweit man das sagen kann, bei einem tränenreichen Abschied. Plötzlich fängt das Gesteck zu brennen an und raucht. Die Seelsorgerin versucht mit Weihwasser die Flammen zu löschen. Doch da hilft auch kein Beten. Es musste der Sakristan mit dem Feuerlöscher kommen, um das „Feuerwerk" zu beenden. Die Leute nahmen es mit Humor, war doch die Verstorbene dafür bekannt, dass sie immer für eine Überraschung gut war. Und jetzt dieser letzter Gag aus der Hinterhand.

Das letzte Hemd

„Wir brauchen nicht mehr in den Himmel zu gehen", witzelten die Leute. „Harry hat den ganzen Himmel aufgekauft." Der Geldgierige hatte ein Haus nach dem anderen gekauft. Offenbar wollte er einmal der Reichste vom ganzen Friedhof werden. Und wie geizig der Geldsack war! Als seine „Teuerste" starb, feilschte er mit dem Bestatter um den Preis des Sarges. Als er selbst dann im Sterben lag, dachte er nur an das, woran er sein Leben lang gedacht hatte: An sein Geld. Könnte er es doch nur mit in den Sarg nehmen! Doch das letzte Hemd hat keine Taschen. Auf dem ganzen Friedhof liegt kein Ärmerer unter einem Stein als der steinreiche Geizkragen Harry.

Übrigens: Kaum war Harry gestorben, hoben seine Kinder ihn hoch, um unter der Matratze nach Barem zu suchen. Als die Matratze bei der Wohnungsauflösung aus dem Fenster in den Container geworfen wurde, riss sie auf. Da zeigte sich, was die Seinen vergeblich gesucht hatten.

Eine Mordsgeschichte

Eine Witwe „beichtet" nach der Beerdigung ihrem Hausarzt, dass sie ihren Mann umgebracht habe. Das belastet den Arzt sehr, zumal er die Leichenschau „von der Türschwelle aus" vorgenommen hat und nicht gründlich und nackt, wie es vorgeschrieben ist. Nach seiner Selbstanzeige bei der Staatsanwaltschaft wird die Leiche exhumiert. Es werden tatsächlich zahlreiche Einstiche im Brustkorb festgestellt. Allerdings muss der Mann schon vorher tot gewesen sein. Seine demente Frau hat mit der Fleischgabel verzweifelt auf ihren Liebsten eingestochen, um ihn wieder zum Leben zu erwecken. Darum fühlte die Unschuldige sich schuldig.

Kein Fan vom HSV

Hunderte Male hat der Pfarrer den Sarg ins Grab versenken sehen, doch heute ist alles anders. Mit dem Senkamat wird der Sarg über die Grube gefahren und justiert. Nach einigen Korrekturen wird die Sicherung gelöst und der Sarg beginnt sich Zentimeter für Zentimeter automatisch zu senken. Alle Augen sind auf eine kleine Kurbel gerichtet, die sich am Gestänge des Sargversenkers befindet. Diese kleine Kurbel dreht sich geschwind und doch entschwindet der Sarg nur ganz langsam den Blicken. Es dauert eine gefühlte Ewigkeit bis die kleine Kurbel stillsteht und der Sarg unten angekommen ist. Der hydraulische Sargversenker hat den Gottesmann so genervt, dass er ihn spöttisch den HSV nennt.

Zwei Tage später ist der Pfarrer wieder auf dem Friedhof. Diesmal muss er zusehen, wie die Urne durch ein elektronisch gesteuertes Gerät langsam versenkt wird. Und wieder mit so einem Kurbel-Zeugs. Der Pfarrer kriegt die Krise. Auch wenn das Urnen-Trauerspiel nicht ganz so lange gedauert hat wie beim HSV.

Das letzte Rennen

Ein Porsche- und ein BMW-Fahrer
fuhren ein Rennen.

Der Sieger bekam den Kranz
aufs Grab.

Der Verlierer siecht
weiter dahin.

Freitag, der 13.

Schnaps – das war sein letztes Wort. Dann trugen ihn die Englein fort. So war es bei Matthias gewesen. Um 14.00 Uhr sollte die Bestattung sein. Die Trauergäste waren alle da, aber die Urne fehlte. Wegen eines schweren Unfalls war die Autobahn schon stundenlang gesperrt und die Hinterbliebenen warteten und warteten. Nach eineinhalb Stunden kam die Bestatterin mit der Urne. Offenbar wollte Matthias, 45, noch nicht unter die Erde. Nach der Beisetzung wollten die Hinterbliebenen in das Café gegenüber dem Friedhof gehen, doch das hatte zu. Dann liefen sie zu einem anderen Lokal. Auch dort standen sie vor der verschlossenen Tür. Da blieb nur noch das Naturfreundehaus im Wald. Als sie dort ankamen, an diesem Freitag, dem 13., war ihr erstes Wort: „Bitte, einen Schnaps!"

Hallo, ich lebe noch!

Stell dir vor: Du sitzt morgens gemütlich beim Frühstück und liest in der Zeitung deine eigene Todesanzeige. Du schaust zwei mal hin, drei Mal. Aber auch nach dem zwölften Mal steht da immer noch dein Name - schwarz auf weiß. Diesen Schock erlitt tatsächlich der Rentner Kurt K. „Plötzlich und unerwartet hat Kurt K. uns verlassen. Wir sind fassungslos. Die Beerdigung ist am Freitag, dem 21. April, um 13 Uhr auf dem Friedhof in B." Es dauert eine Weile, bis der Für-tot-Erklärte in der Lage ist, bei Freunden und Bekannten anzurufen und auch die Zeitung vom Gegenteil zu überzeugen. Trotzdem kann er nicht verhindern, dass rund 30 schwarz gekleidete Personen zu seiner Beerdigung kommen. Kurts bester Freund geht zu den einzelnen Trauergästen und stellt klar: „Der Kurt lebt noch!" Ungläubiges Kopfschütteln. Stimmt es, dass die Todesanzeige ein Racheakt von Kurts Frau war, die er sitzen gelassen hat? Sei's drum. Der 67-Jährige dreht weiter am Rollator seine Runden und zeigt jedem: „Hallo, ich lebe noch!"

Mit dem Hintern zum Himmel

Dietmars Lieblingslied sollte auch bei seinem Abschied erklingen: „Ich will nicht gehorsam, gezähmt, gezogen sein ... Ich will nicht vom Saum bis zum Kragen von Blicken betastet sein. Ich flieh, wenn ich fremde Augen spür. Denn ich gehöre nur mir." Da war es nur logisch, dass Dietmar im Sarg nicht „angeschaut" werden wollte. „Falls ein Schaulustiger mich doch noch anglotzen möchte, wird er blöd gucken, denn ich will auf meinem Bauch in der Kiste liegen." Mit dem Hintern zum Himmel gerichtet zeigte der ungezogene Dietmar, dass er auch als Toter noch über sich selbst bestimmte, gemäß seinem Motto: „Denn ich gehöre nur mir."

Dietmar hatte bestimmt, dass bei seinem Abschied seine Lieblingswitze erzählt werden. Beim ersten trauten sich die Trauergäste noch kaum zu lachen. Beim zweiten Witz wurde schon lauter gelacht. Und beim dritten gab es ein ganz herzhaftes Lachen. Nur einige Miesepeter schüttelten den Kopf. Doch das hat Dietmar kalt gelassen.

Zum Fressen gern

Eine Witwe hatte einen Hund, Heino. Der Liebling ihres Gatten war ihr in der Trauer ein großer Trost. Nach einiger Zeit lernte sie einen Witwer kennen, der später zu ihr in die Wohnung zog. Der Mann lebte sich schnell ein und fühlte sich wohl. Nur eines störte ihn gewaltig: die Urne seines Vorgängers oben auf dem Schrank. Die Frau entfernte das Gefäß, aber wohin mit der Asche? Plötzlich ging ihr ein Licht auf. Sie mischte jeden Tag ein wenig Asche in das Essen von Heino bis die Urne leer war. Da zeigte sich, Heino hatte sein Herrchen wirklich zum Fressen gern. Und so stand der Liebe zwischen Witwe und Witwer nichts mehr im Wege.

Nur ein Mal geplotzt

Zwei Brüder waren bei einem Verkehrsunfall ums Leben gekommen. Der Friedhof im kleinen Ort war voll belegt und die Erweiterung noch nicht eröffnet. Da kam ein Bauer zu Isolde, der Schwester der Verunglückten und sagte: „Ich lasse meine Alten heraustun. Dann kannst du die Jungen hinein tun." Aber der neue Teil wurde vom Bürgermeister doch noch rechtzeitig frei gegeben. Auch der Schreiner war sehr bekümmert. „Wir lassen beide Särge gleichzeitig hinunter, dann musst du es nicht zweimal plotzen hören." Und so wurden beide Brüder zusammen ganz vorsichtig in die Mutter Erde hinuntergelassen. Dort liegen sie immer noch nebeneinander. Doch näher als an ihrem Doppelgrab fühlt Isolde sich ihren Brüdern, wenn sie abends zum leuchtenden Firmament hinaufschaut. Sterne trinken, nennen das die Chinesen. Vor dem Schlafengehen nimmt Isolde einen kräftigen Schluck zu sich. Und manchmal sieht sie im Traum ihre Brüder auf einem Stern sitzen und hört sie laut lachen.

Mehr als Worte

Nun lag er im Sarg. Er, der so lange zwischen zwei Stühlen gesessen war. Lange Jahre hatte er nicht gewusst, für wen er sich entscheiden sollte: Für seine Frau und vier Kinder. Oder für seine Freundin. Bis er dann schließlich doch zu ihr gezogen war. Zwanzig Jahre hatte er mit ihr zusammen gelebt. Aber er war immer wieder heimgegangen und nach außen hin weiterhin der Ehemann und Familienvater geblieben. Bei der Trauerfeier saßen seine Frau und die Kinder in der vordersten Reihe und auch seine langjährige Freundin, mit einer Rose in der Hand. Am liebsten hätte seine Frau sie ihr aus der Hand gerissen. Auch auf dem Weg zum Grab würdigten sich die zwei Frauen keines Blickes. Doch am Grab geht die gehasste Geliebte auf die Ehefrau zu und beide geben sich die Hand – nachdem sie zwanzig Jahre kein Wort miteinander gewechselt hatten.

Die liebe Gemeinde

Wie oft hatte die drogenabhängige Ellen von ihrem letzten Geld noch eine Rose gekauft und sie auf den Sarg gelegt. Und nun war die 43-Jährige es, die unter dem schlichten Fichtenholzdeckel lag. Viele waren gekommen, um von ihr Abschied zu nehmen. Denn die einarmige Ellen war beliebt. Sie hatte immer ihren letzten Euro, ihre letzte Zigarette und ihre letzten Tabletten mit denen geteilt, die noch ärmer dran waren als sie. Als der Pfarrer fragte, ob jemand der Anwesenden Ellen noch ein persönliches Abschiedswort sagen möchte, ging Britta nach vorn: „Ich war Ellens beste Freundin." Weiter kam sie nicht, denn es gab Pfiffe, heftige Zwischenrufe und Proteste. „Das musst gerade du sagen. Du hast Ellen doch nur ausgenutzt. Du hast sie abgezogen, nach Strich und Faden." Inzwischen stand Carmen am Pult: „Ich habe Ellen bei mir wohnen lassen, als sie auf der Straße stand. Ich war ihre beste Freundin." – „Schäm dich! Wie oft hast du Ellen beklaut, als sie dicht war? Du hast ihr sogar nach dem Tod noch den Ring vom Finger abgezogen, du miese Ratte", schrie ihr einer ins Gesicht. Und so ging es lauthals hin und her. Nur mit allergrößter Mühe konnte der Pfarrer eine Schlägerei verhindern und die aufgebrachten Gemüter allmählich beruhigen. Und als der Sarg dann versenkt wurde, waren alle plötzlich so still und ruhig, dass sie Ellen sagen hörten: „Jetzt lasst es gut sein!"

Mensch Michael

„Wenn ich verreckt bin, haut mich in die Mülltonne oder schmeißt mich auf den Misthaufen!", sagte Michael. Lange Jahre hatte er in der Gosse gelegen und war total versifft. Weil alle sich vor ihm ekelten, hatte er jegliche Selbstachtung verloren. Und wie oft wurde er auch auf den Ämtern wie der letzte Dreck behandelt.

Nun aber war er im Hospiz. Dort wurde alles getan, um sein Leid zu lindern und auch noch seinen letzten Wunsch zu erfüllen. Nach seinem Tod lag Michael zwei Tage schön aufgebahrt in seinem Zimmer. Immer wieder schauten Mitarbeiter und Bewohner bei ihm vorbei, redeten noch ein wenig mit ihm, streichelten ihm die Hand und nahmen Abschied. Michaels stoffliche Überreste wurden im Gemeinschaftsgrab des Hospizes beigesetzt, an dessen Tür geschrieben steht: Die Würde des Menschen ist unantastbar. Artikel 1,1 GG.

Wildwuchs, aber-witzig

„Den muss ich Euch auch noch erzählen", sagte Helfried den Pflegern im Krankenhaus. „Da steht jemand vor der Haustür und hat auch schon geklingelt. Es ist der Sensenmann. Die Dame des Hauses öffnet die Tür, Lockenwickler auf dem Kopf, Kochlöffel in der Hand. Sie erschrickt gar nicht vor dem Geripppe mit dem schwarzen Mantel und der Sense in der Hand. Ganz cool sagt sie: „Nein, danke, wir sterben nicht." Just in dem Moment gab der Spaßvogel den Geist auf. Schluss mit lustig. Helfried hatte sogar nachts seinen Tomaten im Gewächshaus deftige Witze erzählt, damit sie rot werden. HEPATOM hießen Helfrieds Paprika-Tomaten. Mit ihnen hat er auch seine Umgebung jaloux gemacht. „Deine Tomaten sind noch grün", sagte er zu seinem Nachbarn. „Meine sind schon ganz rot." Dabei hatte er sie im Laden gekauft und am Stock angebunden.

Auf Helfrieds Grab hatte sein Sohn einen Tomatenstock gepflanzt. Doch die Friedhofsverwaltung duldete keinen „Wildwuchs". Und so blieb auch Helfried nichts anderes übrig, als die Radieschen von unten anzusehen.

Das sei so Sitte

Er hatte fünf Söhne und drei Töchter in die Welt gesetzt. Vier seiner Söhne wollten ihn selbst zu Grabe tragen. So gehen sie nach der Trauerfeier zum Sarg. Da erklärt ihnen der Friedhofsaufseher, dass jeder von ihnen einen Zylinder aufzusetzen habe. Das lehnen die Brüder strikt ab und wollten den Sarg schon hinaustragen. Der „Chef" des Friedhofs aber stellt sich ihnen im Weg und macht ihnen klar, dass er sie nur mit Zylinder ziehen lasse. Das sei so Sitte im Ort. Doch die Brüder bestehen darauf, ihren Vater ohne „Verkleidung" zu Grab zu tragen. Inzwischen drängt der Pfarrer auf den Fortgang und schaut ungeduldig auf die Uhr. Schließlich tragen vier Freunde der Familie den guten Mann zum Grabe – mit Zylinder.

Ohne Zylinder haben die vier Söhne ihre Mutter 31 Jahre später zu Grabe getragen. Neben dem letzten Liebesdienst für ihre Mutter war es auch eine Wiedergutmachung an ihren Vater. Über die Mutter wollten sie ihm noch nachträglich die letzte Ehre erweisen.

Familienband(e)

Jahrzehntelang hatte Domenico auf der Straße gelebt. Er wollte immer draußen in seiner „Penntüte" schlafen. Auch im Winter als die Wohnsitzlosenhilfe für ihn einen Schlafplatz im Container reserviert hatte. Als der Obdachlose dann auf den Friedhof einzieht, bekommt er Besuch von seinem Bruder, der seit zwanzig Jahren nichts mehr mit ihm zu tun haben wollte. Und auch der andere Bruder, die Schwester, ein Neffe und eine Nichte sind aus Italien angereist, und legen einen großen Kranz auf Domenicos Grab. Die groteske Krönung der Familienzusammenführung.

Einige Nummern zu groß

Bei einem Suizid findet die Beerdigung meist im kleinen Kreis statt. Doch bei dem jungen Russlanddeutschen gibt es ein Mega-Begräbnis. Eine Menge Angehörige, Freunde, Landsleute. Alle sind schwarz gekleidet, tragen Trauer. Am offenen Sarg wird der Tote gestreichelt. Einige drücken ihm einen Kuss auf die kalten Lippen. Am Grab wird noch lauter geschluchzt, geweint, geheult. Die „Klageweiber" geraten völlig außer sich; der Chor singt ein herzzerreißendes Abschiedslied auf die Melodie „Zu Bethlehem geboren". Doch dieses „Kindelein" liegt nicht in einer Krippe, sondern in einem weißen „Cadillac". Und dieser Supersarg ist ein paar Nummern zu groß für das Grab. Beim Absenken geben sich die Sargträger die größte Mühe. Es geht rauf und runter, hin und her. Zum Glück ist der Deckel zugeschraubt, sonst wäre der arme Kerl aus der Kiste geflogen und in der nackten Erde gelandet.

Er rief – sie gehorchte

Nun war er tot, der Despot, der seine Frau immer so arg unterdrückt hatte. Nichts durfte sie. Und auch den eigenen Kindern tat sie sehr leid. Doch ab jetzt, so versicherten sie ihr beim „Leichenschmaus", sollte alles anders werden. „Jetzt kannst du endlich mal dein Leben genießen. Du gehst gemütlich Kaffee trinken, denn in einem Café warst du noch nie. Du wirst verreisen und etwas von der Welt sehen. Du wirst aufleben nach all den schweren Jahren." Doch das war ihr nicht vergönnt: Die Mutter starb noch am Tisch. „Nicht einmal jetzt lässt er sie leben", sagte der Sohn. Und die Tochter: „Auch nach seinem Tod muss sie ihm noch gehorchen."

Sicher – todsicher

Hannelore hatte panische Angst davor, scheintot zu sein. Darum hatten ihre Töchter ihr versprechen müssen, ihr ein Glöckchen mit in den Sarg zu geben. Falls sie wieder aufwache, könne sie klingeln. So lag sie mit einer kleinen Schelle in den Händen aufgebahrt. Doch sie gab keinen Ton von sich. Während der Trauerfeier war trotz gespannter Aufmerksamkeit nichts aus dem Sarg zu hören. Auch auf den Weg zum Grab gab es kein Klingeling. Hannelore kam unter die Erde. Und da liegen ihre Gebeine nun noch immer. Sicher mit dem Glöckchen. Todsicher.

Doch nur selbstverständlich

Nach dem Krieg war Janos aus Ungarn ausgewiesen worden und hatte versucht, in A. eine neue Heimat zu finden. Das war ihm auch gelungen. Er war im Vorstand verschiedener Vereine und im Ort hoch angesehen. Doch sein Herz schlug immer noch für Ungarn. Zweimal im Jahr ist Janos in seine alte Heimat gefahren. Das war Medizin für seine Seele. Als er in seinem Geburtsort das Grab seiner Großeltern suchte, sah er viele verwahrloste Gräber, wild überwuchert. Schließlich stand er am schön gepflegten Grab seines Opas und seiner Oma. Bald stellte sich heraus, wer die Wohltäterin war. Ein altes Mütterchen: „Ich bin damals mit ihren Großeltern immer zusammen tanzen gegangen. Da ist es doch nur selbstverständlich, dass ich ihr Grab pflege."

Schmerzensgeld, das weh tut

Ein Ehepaar wurde nach dem Tod kremiert. Die Beisetzung der Urnen erfolgte auf dem Friedhof in U. Eine der vier untereinander zerstrittenen Töchter übernahm die Grabpflege. Da sie 24 km von der Grabstätte entfernt wohnte, ließ sie die sterblichen Überreste der Eltern ohne Wissen und gegen den Willen der Schwestern auf den Friedhof ihrer Gemeinde umbetten. Die Schwestern zogen daraufhin vor Gericht und verlangten sowohl die Rückbettung der Urnen als auch Schmerzensgeld. Da der Vater ausdrücklich erklärt hatte, in seinem Wohnort beerdigt werden zu wollen, stellte das Gericht fest, dass die Umbettung nicht rechtens war. So erfolgte die Rückbettung der Urnen auf Kosten der „bösen" Schwester. Zudem musste sie jeder der drei Schwestern 500 Euro Schmerzensgeld bezahlen. „Ruhet in Frieden" steht auf dem Grab der Eltern. Wie das gehen soll, steht in den Sternen.

Echte Liebe...

Ein Neunjähriger war seinem Gehirntumor erlegen – zehn Tage, nachdem sein Lieblingsverein Borussia Dortmund die deutsche Meisterschaft gefeiert hatte. Für den todkranken Jungen war der BVB eine große Freude. „Mami, wenn ich gestorben bin, dann möchte ich einen Grabstein mit dem Club-Logo haben." So gaben die Eltern einen schwarzen Granitsockel in Auftrag, mit dem schwarz-weißen Fußball oben drauf. Neben dem Namen und den Geburts- und Sterbedaten des Kindes sollte zudem das Logo von Borussia Dortmund und der Schriftzug „Echte Liebe" eingraviert werden. „Doch ein solcher Grabstein sei dem Ort eines katholischen Friedhofs nicht angemessen", hieß es. Nach monatelangem Streit durfte das umstrittene Motto „Echte Liebe" in den Stein eingraviert werden. Aber nur in Kombination mit einem christlichen Symbol. Die Eltern hatten die Wahl zwischen betenden Händen, einem Kreuz und einer Taube als Symbol für den Heiligen Geist. Sie entschieden sich für die Taube – weil der Opa des Kindes selbst Tauben hatte. Und der Fußball musste vom Sockel herunter und darf nun neben der Stele des Jungen liegen. Der Herr gebe ihm die ewige Ruhe. R.I.P.

Der letzte Umzug

Die Rentnerin Rosemarie ist in den Wohnort ihres Sohnes gezogen, gleich neben dem Friedhof. Dort geht sie jeden Nachmittag hin, schaut die Gräber an, liest die Namen, die Jahreszahlen. Ein Gruß genügt oft schon, um mit Angehörigen ins Gespräch zu kommen. So lernt Rosemarie nach und nach viele Leute im Ort kennen und fühlt sich bald nicht mehr fremd. Inzwischen liegen einige ihrer Bekannten selbst schon auf dem Friedhof. Aber Rosemarie spricht immer noch mit ihnen. Regelmäßig schaut sie auch bei ihrem früheren Nachbarn vorbei. Er hatte auf seiner Todesanzeige geschrieben: Ich bin umgezogen. Jetzt wohne ich auf der anderen Seite der Friedhofsmauer. Urnengrab Nr. 173. Über Besuche freue ich mich. – Noch mehr als vor dem Umzug.

Der Domino-Effekt

Die Trauerhalle war überfüllt. Und auch vorne gab es nur wenig Platz für die drei Ministranten. Der linke hatte den Weihwasserkübel in Händen, der mittlere schwenkte schwungvoll das Weihrauchfass. Der dritte sollte das Kreuz zum Grab tragen. Ihm wurde von dem Weihrauch so schlecht, dass er umkippte. Dadurch kippte auch der erste Kranz um, dann der zweite, der dritte kippte gegen das Mikrofon und das fiel auf den Sarg. Wuummm! Der Pfarrer blieb ganz cool. Er nahm das Mikrofon vom Sarg und sagte: „Jetzt haben wir alle erlebt, was ein Domino-Effekt ist." Inzwischen war auch der Ministrant wieder auf den Beinen, die Kränze wurden wieder auf das Stativ gestellt. Und der Weihrauch zog weiter zum Himmel hinauf.

Die Kaffeekanne

In ihrem Ferienhaus in Malaga ist ihr Mann Gustav gestorben. Mit seiner Urne in der Tasche fliegt sie zurück nach Deutschland. Nach der Landung in Düsseldorf fragen die Beamten sie, ob sie etwas zu verzollen habe. Heimgekommen stellt sie die Urne in die Vitrine und ist froh, ihren Gustav noch bei sich zu haben. Ihre Tochter ist aber der Meinung, dass die stofflichen Überreste des Vaters nach einer würdevollen Abschiedsfeier auf dem Friedhof beigesetzt werden sollten. Doch ihre Mutter denkt nicht daran, ihren Gustav herzugeben. So tut die Frau heimlich die Asche ihres Mannes in die antike Kaffeekanne, die er so sehr geliebt hat. Und die Urne füllt sie mit Asche aus dem Ofen. Als ihre Tochter sie eines Tages fragt, warum sie nie zu Papas Grab geht, sagt sie: „Glaubst du denn, dass dein Papa auf dem Friedhof ist?"

Grabbeigaben

Ulli war ein wahrer Schluckspecht gewesen. Er hatte immer einen über den Durst getrunken. Damit er im Grab nicht verdurste, hatten seine Kumpel ihm eine Kiste Bier mit in die Gruft gegeben. Als nach 20 Jahren das Grab aufgelöst wurde, waren von Ulli nur noch ein paar Knochen übrig, aber die Kiste Bier war immer noch voll da. – Bitter schmeckt's!

Franz, der beliebte Kneipenwirt, hatte den Gästen einmal im Jahr Erdnüsse gespendet, mit der Auflage, die Schalen auf den Boden zu werfen. Als Dankeschön bekam er nun mehrere Tüten Erdnüsse ins Grab geworfen. – Keiner geht so ganz.

Mitten im kalten Winter war es spiegelglatt. Und doch wollte die Tochter vor der langen Fahrt zur Beerdigung ihres Vaters noch schnell ein Leberkäse-Brötchen kaufen, um es ihm mit auf die große Reise zu geben. Es war aber so glatt, dass ihr Mann drei verschiedene Routen ausprobieren musste, um weiter zu kommen. Und Hunger hatte er inzwischen auch, so dass er am liebsten selbst das Leberkäse-Brötchen gegessen hätte. Doch seine Frau blieb hart. Beide waren total genervt, als sie kurz vor der Trauerfeier ankamen. Der Sarg war bereits geschlossen, aber die Tochter bestand energisch darauf, dass er wieder geöffnet wurde. Denn sie wollte ihren Vater noch einmal sehen und ihm sein geliebtes Leberkäse-Brötchen mitgeben – die Wegzehrung.

Die aufgetaute Mutter

Man hatte ihren Leichnam fast zwei Wochen kühlen müssen, denn die Tochter aus Amerika konnte nicht schneller zur Beerdigung kommen. Und als sie dann ihre aufgebahrte Mutter am Tag der Trauerfeier sah, war sie entsetzt. O Gott! Wie sie aussieht! Die Schminke auf ihrem Gesicht lief wie Brühe herunter. Und auch das Rouge auf den Lippen und die schwarze Tusche über die Augen hatten ihre Spuren hinterlassen. Die Kühlung hatte offenbar ausgesetzt und dadurch war die Mutter aufgetaut. Zum Glück hatte sie sonst noch niemand zu sehen bekommen. Denn diesen Anblick konnte man keinem zumuten. So bat die Tochter den Bestatter: „Bitte machen Sie sofort den Sarg zu. Ich kann meine Mutter nicht mehr sehen."

Flotte Fäulnis

Kommunen mit Wachsleichen begeistern sich für das Betongrab. Unter einem eingebauten Pflanztrog verbirgt sich ein Hohlraum für den Sarg, wo optimale Luftfeuchtigkeit und konstante Temperatur die Verwesung beschleunigen. Das „Hausschwein Elsa" durfte als erstes Probe liegen und diente dem Gerichtsmedizinischen Institut Tübingen als Versuchskaninchen. Elsa wurde im Sarg samt Matratze und Sterbedecken in der Betonwanne eingebettet. Schon nach einem halben Jahr stellten die Gutachter einen „Zustand fortgeschrittener Fäulnis" fest. Und so haben auch andere Säugetiere gute Aussichten, flott dahinzufaulen.

Der Nächste bitte

Nach und nach waren fast alle von der Klasse gestorben. Nur noch drei waren übrig geblieben. Nun war auch Kurt gestorben. Vor der Trauerfeier saßen die beiden Klassenkameraden im dunklen Anzug in der Bank: Anton und Werner. „Wer wohl von uns beiden der nächste sein wird?", fragten sie sich. Plötzlich wurde Werner ganz bleich und fiel mit dem Kopf nach vorne. „Werner, ist dir schlecht?" Doch er konnte nichts mehr sagen. Werner war tot, noch bevor die Trauerfeier angefangen hatte. Er wurde gleich in die „Leichenzelle" nebenan gebracht. So hatte der sparsame Schwabe - im Gegensatz zu Kurt und den anderen Klassenkameraden - wenigstens die Überführungskosten gespart. Und Anton wusste jetzt auch, wer der Nächste ist.

Wie das blühende Leben

Gregor war sein Leben lang liebend gerne draußen in der freien Natur gewesen. Da war es nur natürlich, dass er seine Asche im Friedwald beisetzen lassen wollte. Aber es belastete den grünen Gregor, dass die vorherige Verbrennung im Ofen umweltschädliche Dioxine und Furane verursache. Am liebsten wäre ihm eine „reine Öko-Bestattung" gewesen. Da braucht niemand mehr „verheizt" zu werden und giftige Abgase auszustoßen. Bei minus 18 Grad wird der Leichnam schockgefroren und zu einem Klumpen organischer Materie. Diese geht dann geruchlos und schadstofffrei als Humus in die Natur ein.

Die schwedische Erfinderin möchte eines Tages in einem weiß blühenden Rhododendron aufgehen. Opa Gregor wäre gerne eine Osterglocke. Und die Oma ein Stiefmütterchen.

Wem die Stunde schlägt

Der Blinde war froh gewesen, dass er wenigstens eine Uhr hatte, die ihm jede halbe Stunde die Zeit ansagte. Die sprechende Armbanduhr sollte er auch im Sarg bei sich haben. Als die Angehörigen sich im Aufbahrungsraum von ihm verabschiedet hatten, gingen sie hinaus. Die Träger machten den Sarg zu und fuhren ihn in die Trauerhalle. „Es ist 13 Uhr", hörten sie eine Stimme sagen. Erschrocken schauten sie sich an. Die Stimme kam aus dem Sarg. Der Sohn hatte vergessen, die Sprache abzustellen. Doch dazu war es jetzt spät. „Alles hat seine Zeit, alles seine Stunde", predigte der Pfarrer. „Es ist 13 Uhr und 30 Minuten", sprach die Stimme gegen Ende der Trauerfeier. Und auch im Grab war die Stimme noch nicht verstummt: „Es ist 14 Uhr."

Die Trauergäste hielten inne. Wem von uns wohl als Nächstem die Stunde schlägt?

Die hundertste Geschichte
schreiben wir selbst
mit eiskalter Hand
und einem Lächeln auf den Lippen.

Bis dahin halten wir
die Augen offen
und die Ohren steif.

Petrus Ceelen, geb. 1943, war dreißig Jahre Seelsorger für Gefangene, Aidskranke und Drogenabhängige im Großraum Stuttgart. Hier eine Auswahl seiner Bücher:

AUF EINEN ESPRESSO
365 Inspirationen für das Jahr – für das Leben
2. Auflage. ISBN 978-3-460-30248-8

DEN ABSCHIED BUCHSTABIEREN
Das Zeitliche segnen
ISBN 978-3-460-30246-4

DU FEHLST MIR
Gespräche mit Verstorbenen
ISBN 978-3-460-30244-0

WACHSEN WIE DIE STEINPALME
Sein Schicksal annehmen
ISBN 978-3-46-30247-1

BEI SICH ZUHAUSE SEIN
Gespräche zwischen Himmel und Erde
ISBN 978-3-460-30245-7

Alle obigen Bücher und Kalender erschienen
beim Kath. Bibelwerk Stuttgart.

Ende 2014 erschien bei Dignity Press:

Petrus Ceelen

MEHR ALS DU DENKST

77 Namensgeschichten

mit Zeichnungen von
Karl Bechloch

Dignity Press
World Dignity University Press

MEHR ALS DU DENKST
77 Namensgeschichten

Dezember 2014, 130 Seiten
ISBN 978-1-937570-56-9

77 Geschichten erzählen frech, fröhlich von Frau
Meier und Franziskus, Gott und Gaby, Horst und
Henne, Hanni und Manni. Wieder illustriert von
Karl Bechloch. Vielfach verrückt, was ein paar
Buchstaben ein Leben lang mit uns machen und
andere daraus machen. Vor- und Familiennamen,
Spaß- und Spitznamen sagen mehr als du denkst.